2021
中国企业“走出去”风险发布会记录

主　编◎沈开涛

副主编◎刘小军　张爱祥
纪　林　原　越
崔　敬　纪嘉毅

对外经济贸易大学出版社

中国 · 北京

图书在版编目（CIP）数据

2021中国企业"走出去"风险发布会记录／沈开涛主编．—北京：对外经济贸易大学出版社，2022．3

ISBN 978-7-5663-2388-0

Ⅰ．①2…　Ⅱ．①沈…　Ⅲ．①企业-对外投资-风险分析-中国-2021　Ⅳ．①F279．247

中国版本图书馆CIP数据核字（2022）第052313号

2021中国企业"走出去"风险发布会记录

沈开涛　**主编**

责任编辑：汪　洋

出版发行：对外经济贸易大学出版社
社　　址：北京市朝阳区惠新东街10号
网　　址：www.uibep.com
资源网址：www.uibepresources.com

邮政编码：100029
邮购电话：010-64492338
发行部电话：010-64492342
E-mail：uibep@126.com

成品尺寸：185mm×260mm
印　　张：12.25
字　　数：246千字
ISBN 978-7-5663-2388-0

印　　刷：北京时代华都印刷有限公司
版　　次：2022年3月北京第1版
印　　次：2022年3月第1次印刷
定　　价：108.00元

目　录

代序1
在新冠疫情下，中国企业“走出去”的风险会越来越大、越来越复杂

——江泰国际合作联盟主席、江泰全球救援联盟主席沈开涛

尊敬的胡卫平会长，
尊敬的各国专家、各位嘉宾，
新浪网、优投网、大救星的各位网友们，
女士们、先生们、新闻界的朋友们：

大家上午好！

首先，请允许我代表大会主办方——江泰国际合作联盟、江泰全球救援联盟，欢迎各位嘉宾的到来！对本届发布会的支持单位——中国产业海外发展协会表示衷心感谢！对国内外的在线观众以及新闻媒体朋友表示诚挚的谢意！

2020年以来，新冠肺炎疫情极大地考验了中国企业“走出去”发展的韧性和灵活性。2020年，我国实现对外直接投资1 330亿美元①，连续9年居全球前三，为稳定全球产业链和供应链做出了积极贡献。同时，中国企业遍布海外的供应链网络，成为维护国内产业链、供应链安全的一道防火墙；中国企业对外投资的高质量发展，成为国内经济向外防护、向内输血的一个制高点。

但是必须看到，新冠肺炎疫情影响的深度和广度大大超出了人们的普遍认知，中国企业“走出去”面临的风险有增无减，尤其是全球产业链、供应链受阻和中断的不确定性，给已经和正在准备“走出去”的企业带来更为复杂的叠加风险。作为长期从事风险管理的专业人士，我认为，在未来较长时期内，中国企业“走出去”的风险只会更大、更复杂。为什么这么说？主要基于以下几个原因：

一是不少西方国家卷入大国竞争，在国际贸易、对外投资和科技创新等领域采取选边合作，不择手段打压中国经济发展，严重破坏了全球市场的合理分工，引发更多、更广泛的风险源。

① 注：2020年1月21日商务部例行新闻发布会数据。

二是逆全球化思潮泛滥，动不动就"长臂管辖"、经济制裁、企业限制，不仅破坏了全球经济恢复与繁荣的基础，也增加了稳定全球产业链、供应链的难度。

三是美元持续放水触发全球金融危机的阴魂不散，通货膨胀不可预期使得各国经济发展前景不明，各种不确定性更加复杂，社会动荡的可能性大大增加。

中国是全球第一个从新冠肺炎疫情中复苏的主要经济体，也是2021年第一季度经济增长最快的国家。中国迅速恢复生产生活秩序，不仅可以满足国内发展的需求，也有能力满足世界主要经济体的进口需求。而且我相信，不管个别国家或少数抱团国家如何打压中国企业"走出去"，全球市场离不开中国企业、中国制造、中国投资及中国服务。进一步说，不论你欢迎还是不欢迎，也不论你设置多少障碍，全球产业链、供应链调整到哪里，哪里就一定会有中国企业的对外投资和国际贸易。套用一句中国老话，就是"明知山有虎，偏向虎山行。"

经过主办方认真筹备，一会儿，就要发布2021版《中国企业"走出去"全球风险版图》《中国企业"走出去"全球供应链风险版图》《中国企业"走出去"全球公共卫生风险版图》，并有国际贸易、区域安全、金融保险、公共卫生等领域的专家学者做专题演讲。

本届发布会内容不仅权威，而且具有很强的指导性，对于"走出去"的中国企业非常有帮助，值得大家会上会下保持关注，并欢迎大家提供信息数据，以丰富明年发布会内容。

同时我认为，针对当下中国企业"走出去"面临的更大、更复杂风险，不断提升风险认知是政府和企业坚守对外投资安全底线的当务之急。不仅如此，还要看到，企业或个人应对突如其来的新冠肺炎疫情风险的能力，是不可能一下子就提高的，还要从以下几个方面加大力度。

第一，继续发挥政府的统筹作用，对冲少数西方发达国家制造的各种风险。上一届美国总统特朗普提出了一个新概念，叫作"全政府对抗中国"，给包括中国企业"走出去"在内的方方面面制造了不少麻烦，带来了前所未有的风险。

大家一定都注意到，全球新冠肺炎疫情暴发以来，以石油贸易为代表，中国、俄罗斯、伊朗等国家改变单一美元结算的局面，打击了美元的霸主地位；同时，中国和亚太地区国家的产业在经济恢复阶段，加快向产业链、供应链的中高端提升，而少数西方发达国家变本加厉搞各种版本的保护主义、歧视政策、强迫站队等，导致其在世界的威信和影响力下降，中国的地位显著提升。正是在这个背景下，美国出台了"全政府对抗中国"的战略，企图逆转中国蓬勃发展的正确方向。

为保护国家和企业利益，中国政府理所当然采取了政治、经济、人文等一系列反制措施，包括第十三届全国人大常委会刚刚审议通过的《反外国制裁法》，给予"走出去”的企业全方位的保护和支持，创造对外投资的大环境，减少中国企业“走出去”的整体风险。

在“走出去”企业比较集中的省市，尤其需要政府集中各相关部门的产业政策和优势资源，鼓励广大企业“抱团”出海，壮大全球竞争实力，增强抗风险能力，降低对外投资的成本和代价。

我相信，在国际国内“双循环”发展的大格局下，有各级政府主动作为，有各项支持政策落实到位，有对“走出去”企业的帮扶，任何国家制造再大的风险，“走出去”的企业也不会怕！

第二，发挥科技引领作用，构建对外投资安全屏障。相比较而言，这些年“走出去”的中国企业，特别是中小企业的科技水平较低，抗竞争、抗打压、抗供应链波动的能力不足，吃了不少“哑巴亏”。所以，中国要抓住经济全球化深刻调整的机遇，依靠科技创新，为企业“走出去”高质量发展提供安全保障：

一方面，要通过互联网、物联网、人工智能、大数据、云计算、先进装备等技术和手段，全面提高对外投资风险防控能力，并以全球产业链、供应链、价值链、生态链等大尺度模拟手段作为前提，建立国家对外投资安全风险预警体系和应急救援体系。

另一方面，围绕全球在5G、智能制造、数字经济、智慧城市、新材料、新工艺和生命科学等领域的竞争，鼓励、扶持更多高新产业及配套企业走出去发展，推动有核心技术的新业态、新产品抢占海外市场，依靠技术壁垒、科技专利、标准规制等，形成可持续、可复制的对外投资安全屏障。

第三，发挥互联网和高端服务业作用，创新“走出去”安全保障机制。近两年，我和我的团队接受江苏、广东和深圳商务部门的委托，为三地的大约5 000多家“走出去”企业提供了资讯、咨询和培训等系列服务。我从中感受到，成千上万的中小企业“走出去”发展就是经济全球化发展的机遇展示；他们面临的各种风险和挑战就是全球产业链、供应链受冲击的直接表现。进一步观察，不论是在海外投资基建的中国建造；还是投资建厂的中国制造，必须依托全球高端服务业，包括但不限于金融、保险、法律、审计、税务、外汇、公共关系、人力资源、知识产权等服务。为此，要发挥互联网的集成作用，建设中国对外投资综合服务平台，把“走出去”的“成功钥匙”牢牢掌握在中国人自己手里，并创新安全保障服务机制：一是能够线上线下相结合；二是服务平台必须是国际化且全球布局；三是能够提供系列化服务产品；四是能够满足碎片化的服务需求。

因为时间有限，我就不一一展开说了。各位如有兴趣可以登录“优投网”，它是国内唯一的对外投资综合服务平台，拥有全球几千家服务商、园区和企业会员。

最后，预祝发布会和论坛取得圆满成功。谢谢！

代序 2
找对了方法应对“走出去”风险就不会太难

——江泰国际合作联盟主席、江泰全球救援联盟主席沈开涛

尊敬的各位专家、女士们、先生们，

新闻界的记者朋友们，

新浪网、优投网的网友们：

大家下午好！

在今天上午的中国企业“走出去”风险发布网络大会致辞中，我提出在未来较长时期内，中国企业“走出去”的风险只会更大，更复杂，但中国企业“走出去”发展的趋势谁也阻挡不了。我们都清楚，企业的钱投出去不能打水漂，吃亏倒霉的事也只能有一次。

当前全球疫情此伏彼起，经济增长态势剧烈分化，大国竞争空前激烈，广大企业千难万难找到海外投资商机，是不是就能走得出，走得稳，走得成功，关键看如何应对挑战，如何化解风险。可能是我做风险管控的职业习惯，我判断未来五年，“走出去”的企业应对挑战、化解风险的难度会增强，成本会升高；走不出去、走出去失败的案例还会增加。原因有三：

一是疫情之后，中国走近世界经济舞台中心的步伐加快，但中心区位越高，风暴级别也越高，“走出去”的企业自然要经历和承担更加复杂的矛盾、风险和利益纠葛。

二是世界百年未有之大变局与世纪疫情叠加，“走出去”发展的红利还在，但“顺风顺水”的局面开始出现逆转，企业要在顺势和逆流双重因素下接受考验。

三是产业升级、科技进步和气候变化推动世界经济发展大转型，存量风险和增量风险交织，这对“走出去”的中国企业来说，转型压力更大。

那么，广大“走出去”的企业如何才能降低应对挑战、化解风险的难度和成本呢？显然，需要国家实力的支撑，从战略高度控制对外投资的挑战和风险。但光靠国家也还不够，企业自己还要有十八般武艺，用老百姓的话说，就是要有“兵来将挡，水来土掩”的本事。所以，在当前形势下，“走出去”的企业要固体强身，靠扎扎实实的内功，增强国际市场竞争力；要找对方法，从防控风险的源头做起，有效降低风险难度和

应对成本。

本次论坛的主题是“后疫情时期的海外投资合作机遇与挑战”，邀请到国内知名院校和机构的专家学者到会演讲，期待各位专家能发挥专业特长，从不同角度给出真知灼见。下面，我谈三点建议，供大家参考。

一要找准对外投资领域的第三方服务商，以获取专业信息资讯。截至 2019 年底，中国境外企业已超过 4.4 万家，境外资产总额 7.2 万亿美元，分布在全球 188 个国家和地区，其中 60% 以上集中在租赁商务、建筑制造、采矿能源、交通基建、批发零售等“重资产”行业。这些行业资产存量大、生产周期长、套现难、风险系数偏高。“走出去”的企业特别需要关注这些投资领域的信息资讯，及时掌握可能危及投资安全的风险隐患。尽管现在社会上的信息渠道很多，但获取专业背景的有用信息并不容易。

目前，已经有第三方机构提供清单式对外投资信息资讯服务，广大中小企业可以根据所需的信息资讯范围和深度，采购不同层级的清单服务产品，解决信息资讯分散且专业性不强的问题。据我了解，有一些地方政府还出资购买服务清单，免费提供给当地的企业，受到广大“走出去”企业的欢迎。其中一些企业通过清单升级服务，进一步获得定制的专属投资报告，并直接与海外园区对接。我希望专家和有实践经验的人才，支持和参与到这项服务中，以提高对外投资信息资讯的质量。

二要找准对外投资风险管理方，以获取系统的综合风险报告。截至 2020 年末，中国政府已与 138 个国家、31 个国际组织签署了 201 份共建“一带一路”合作文件，构建起对外投资合作的国际大环境。但具体到一个国家、一个城市、一个园区，对外投资涉及的风险因素是不同的，像营商环境、文化差异、劳工政策、环保标准等差别就很大，对风险管控的要求自然也就不一样。如果企业对投资地的具体情况一知半解，或者只知其一，不知其二，不发生矛盾和纠纷才怪了。

借此机会，我给准备“走出去”的企业一个建议：你去哪个国家投资、在哪个城市或哪个园区落地，你就要获取这个国家、这个城市、这个园区的“投资风险分析报告”，它既是对外投资的风险识别大全，又是风险规避的专业指引。

历届风险发布积累了不少数据，但局限于国家和地区。从本届网络发布大会开始，我们将有选择地编撰对外投资热点国家、城市、园区三级系列“投资风险分析报告”，以弥补这方面的服务空白。

三要找准对外投资综合服务平台，以获取快捷高效的专业服务。这些年我接触“走出去”的企业，一个很深的体会，就是对外投资的业务链条很长，节点很多，意外频发。要解决的各种政策、审批、注册、备案等事项，既专业，又烦琐；伴随的风险和挑战呈现碎片化的特征，加之企业缺少专业人才，导致企业应对挑战和风险的成本居高不下。

客观讲，哪个“走出去”的企业也做不到养一个无所不能的专门班子，做全流程的解决方案和风险防控工作，基本上是把专业性强，且一次性完成的业务外包出去，花钱买效率、买平安。但面临的问题是，在国内外如何找到适合并专业的各类服务商呢？过去主要靠同行介绍，靠广告推介，靠朋友举荐，缺少成体系、系统化的服务商平台，不仅成本高，而且质量好坏要凭运气。

现在有了，既有服务某个专业领域的平台，也有综合性服务平台。政府可以借助综合服务平台，为“走出去”的企业提供相关的公共服务，提高普适性和渗透性；企业可以借助综合服务平台，高效、快捷适配所需的服务商，在一个平台上低成本解决所有人才、人脉、专业、共享等问题。

今天我就讲这些。祝论坛取得圆满成功！谢谢！

代序3
全球救援服务需要重新定义

——江泰国际合作联盟主席、江泰全球救援联盟主席沈开涛

尊敬的世界旅游组织执行主任祝善忠先生，

各位专家、女士、先生们，

新闻界的记者朋友们，

新浪网、优投网、大救星的网友们：

大家上午好！

昨天，我们成功举办了2021中国企业“走出去”风险发布网络大会。在去年的全球救援论坛上，我曾提道：“新冠肺炎疫情对全球的影响存在很大的不确定性，第二次大暴发仍有可能”。当下，在印度、日本、越南及东南亚地区，疫情再次暴发持续了较长一段时间，仍未有明显改善的迹象。我国疫情得到很好控制，但点状式的复发也一直没有停止过。

显然，新冠肺炎疫情蔓延给全球救援事业带来了极大的影响，不仅仅是救援通道受阻，交通工具、医疗人员无法及时到位；而且救援需求也在悄然发生变化，疫情之下的身体健康和生活保障需求，开始进入到全球救援领域。对于这种变化，我认为需要对全球救援重新定义，从只管医疗救援，不管生活应急服务，到开始走向全场景下的救命、救治、救护、救助等服务。

为了更清楚地展示这种变化趋势，举一个我参与处理的救援案例。今年初，某省的政府部门接到一个企业的救助请求，该企业在非洲某国家工作的十余名员工感染了新冠肺炎，但得不到当地的医疗资源帮助，处境危急。我们接到政府的电话后，第一时间与江泰全球救援联盟在该国的成员取得联系，动用了各方面的关系，在最短的时间内，把这个企业的十余名患病员工转入当地的一家医院紧急救治。这单紧急救援业务圆满完成，受到政府表扬和企业感谢。没想到，很快又接到企业的求助，希望我们协助解决十余名患者住院治疗期间的吃中餐等生活问题。按照常规，紧急救援业务没有这类服务，但是疫情之下不能不管。于是，我们千方百计联系到当地的一家中餐馆，并疏通医院管理方，解决了这十几名患者治疗期间的餐饮问题。这个案件说明，新冠肺炎疫情改变了

传统的全球救援服务，生命安全需要救助，生活应急保障也需要救助！

话又说回来，重新定义后的全球救援服务说起来容易，做起来可就不那么容易了。毕竟这是一个非常专业的服务领域，在世界上已经存在了上百年，目前被四五家企业所垄断，有一套全球通用的标准化服务流程和专业配置。中国是全球救援服务的后来者，但也是创新者。我们抓住中国企业和中国公民“走出去”的历史机遇，针对国内外广泛的救援、救助需求，开启了全新的走下“神坛”的全球救援服务模式——“大救星”，并朝着以下三个方向积极探索、推进。

一是专业救援服务产品化。传统的救援服务不仅过于单一，而且技术门槛偏重硬件设施，给人一种“贵族式”的服务感觉。随着社会生产和生活内容越来越丰富，出现的突发问题也越来越复杂，提供的救援服务分工也越来越细，每一个细小的服务都可能成为专业的服务领域。比如，面向大众生活的电器故障处理、下水道疏通、居家开锁服务；面向离家在外患者的医疗指导、心理疏导、送餐服务；面向企业生产的紧急材料补充、特需资料证明等服务。如此广泛、琐碎的救命、救护、救助等综合服务，必须实现从服务向产品的转化，才能调动救援服务商的生产积极性，最大限度满足社会生产和生活的专业救援服务需求。

二是综合救援服务平台化。综合救援服务涵盖的范围很广，覆盖的地区很大，且需求碎片化，已经脱离了传统医疗救援服务的范畴，必须通过平台整合世界各地的专业资源，依托完善的智能云平台，形成综合性、多元化的全球救援服务网络，有效解决信息不对称以及服务效率低下的问题，才能在任何时间、任何地点迅速形成救援服务能力，展开高效的施救行动。我判断，未来全球救援市场，一定是救援产业化和产业数字化的“双核”发展，而平台建设则是最佳实现路径。值得骄傲的是，中国的救援综合服务平台建设走在了世界的前列，再加上中国政府和公众的支持，前景可期。

三是大众救援服务前置化。新冠肺炎疫情深刻改变了人们对生命安全和身体健康的认知理念，防范意识大大提升。这就要求把原来普遍认可的事后救援服务，转向避免发生危害的事前服务，形成有效的风险防范及应急救助方案，实现防患于未然。为此，政府要顺应人民对保护健康安全的美好愿望，鼓励采取各种方式，从源头超前配置相应的救援服务和保险产品，构筑起社会化、大众化、专业化的救援服务保障体系。在这方面，政府还可以发挥更大的作用，尤其是从政策和资金上，扶持和鼓励民间救援机构发展，支持面向社会大众的救援服务创新，鼓励企业和公民自觉自愿购买合适的救援服务和保险，推动救援保险服务从“后台”走向“前台”。

以上思考不一定成熟，仅供大家研讨时参考。

谢谢大家！祝本届论坛圆满成功！

代序 4
我国对外投资有序发展　企业“走出去”的步伐不断加快

——中国产业海外发展协会会长胡卫平

尊敬的沈开涛主席，

各位嘉宾、女士们、先生们：

大家上午好！

孟夏之日、万物并秀，很高兴受邀参加本次发布会。我们度过了极不平凡的 2020 年，面对世界百年未有之大变局和新冠肺炎疫情全球蔓延，在以习近平同志为核心的党中央坚强领导下，全国各族人民付出艰苦努力，交出了一份人民满意、世界瞩目、可以载入史册的答卷，在全球经济深度衰退的背景下，我国成为世界唯一实现正增长的主要经济体。

据商务部统计数据，2021 年 1—4 月，我国对外全行业直接投资 2 850.9 亿元人民币，同比增长 3.3%。其中，对外非金融类直接投资 2 228.7 亿元人民币，同比下降 5.2%。对外承包工程完成营业额 2 630.7 亿元人民币，同比增长 3%；新签合同额 4 639.3 亿元人民币，同比增长 1.2%。对外劳务合作派出各类劳务人员 10.4 万人，4 月末在外各类劳务人员 59.4 万人。由此可见，中国对外投资有序发展，逐步形成对外开放新格局，为世界经济的复苏注入强劲动力。

今年的全国“两会”通过了深受关注的“十四五”规划和 2035 年远景目标纲要，我们要以习近平新时代中国特色社会主义思想为指引，立足新发展阶段、贯彻新发展理念、构建新发展格局，以推动高质量发展为主题，巩固拓展疫情防控和经济社会发展成果，坚持扩大内需战略，强化科技战略支撑，扩大高水平对外开放，保持社会和谐稳定发展。为积极落实上述重要指示，始终要将人民的生命安全、企业生产运营的安全放在重要位置。因此，有效预见风险、合理规避并减少风险所致的损失，显得尤为重要。防范、化解风险与挑战，直接关乎我国实现更高质量、更有效率、更加公平、更可持续、更为安全的社会经济发展，关乎“两个一百年”奋斗目标的顺利实现。

女士们、先生们、朋友们，今年是我国现代化建设进程中极为重要的一年，做好经济工作意义重大。从数据来看，中国企业“走出去”的步伐不断加快，以新技术、新业态、新模式等方式更广更深参与国际市场开拓，取得了较好的成绩。但我们也要清楚认识到，未来我国对外投资面临的外部环境依然复杂严峻，不稳定不确定性因素增多。今天我们召开中国企业“走出去”风险发布会，紧扣时代的主题，顺应经济社会和产业发展趋势。当前，中国所处的国际形势严峻，在目前“一带一路”发展趋势逐渐稳定的大形势下，我们要力克发展中的困难，既要看到以美国为首的西方势力压扼中国积极力量的极大困难一面，又要看到我国力克万难大步向前不可阻挡的一面，我们正在用新的方法迎接战略挑战，我们一定会打破以美国为首的西方多国强加在中国之上的五大地区风险禁锢，夺取胜利的战略成就。此外，疫情尚未平息，国际大环境错综复杂，我国经济恢复基础尚不牢固。我们既要充满信心，也要保持清醒。要统筹疫情防控和经济社会发展，抓实抓细常态化疫情防控，既要有防范风险的先手，也要有应对和化解风险挑战的高招，以科学有效的办法，不断巩固拓展疫情防控来之不易的成果，为经济社会发展创造良好条件。

鉴于此，中国产业海外发展协会将积极发挥平台优势，继续与江泰国际合作联盟和江泰全球救援联盟一道，深化双方合作机制，携手并进，为参与“一带一路”建设的企业和境外项目建设的员工，想方设法提供务实的支持和帮助，推动企业加快融入新发展格局，确保“十四五”起好步、开好局，稳生产、增效益，以优异成绩喜迎中国共产党成立100周年。

借此之际，祝各位参会嘉宾身体健康，工作顺利！祝本次活动圆满成功。谢谢大家！

代序5
安全已经成为出行关键词
也是企业“走出去”的前提

——联合国世界旅游组织执行主任祝善忠

尊敬的各位朋友、女士、先生们：

大家上午好！

很高兴受邀出席2021年“全球救援服务论坛”，同各位共同探讨疫情后全球救援服务机制与体系的创新。我谨代表联合国世界旅游组织，向大会的召开表示衷心的祝贺。

众所周知，新冠肺炎疫情重创了全球旅游业。世界旅游组织的数据显示，2020年全球国际旅客人数较2019年减少10亿，下降74%，旅游收入减少1.3万亿美元。这是自1950年以来，世界旅游业经历的最严重的一次危机。不幸的是，新冠肺炎疫情对全球旅游业的影响仍在持续，旅游业仍处在非常困难的阶段。2021年第一季度，国际旅客人数较上年同期减少1.8亿，下降83%。作为全球经济的三大出口产业之一，旅游业已成为全球经济的重要支柱，贡献了全球11%的GDP。在一些高度依赖旅游业的中小国家，旅游业在GDP中的占比高达20%。可以说，旅游业的复苏关乎着全球数百万人的生计。在中国政府的坚强领导下，中国是应对疫情最好的国家，中国的旅游业率先复苏，鼓舞了全球。

世界旅游组织在疫情暴发初期，同世界卫生组织、国际民航组织等联合国机构及成员国，共同成立了全球旅游危机管理委员会，密切关注全球的疫情形势变化，出台了一系列促进旅游业复苏、维护旅客利益、保护旅客安全的建设性意见，指导各国政府或机构采取行动，减小疫情对旅游业的冲击。疫情以来，世界旅游组织多次发布《联合国世界旅游组织旅行限制报告》，系统梳理了全球217个国家和地区的国际旅行限制状况及现行规定。3月份发布的报告显示，全球69个国家和地区完全关闭了边境，其中38个已关闭超过40周。这69个国家和地区中，有30个分布在亚太地区，15个在欧洲地区，11个在非洲地区，10个在美洲地区，3个在中东地区。目前，全球大多数的国家要求国际旅客在抵达时出示核酸或抗原检测报告，并要求提供联系方式以便进行追踪。

近年来，中国已成为名副其实的旅游大国。据世界旅游组织统计，2018 年中国的出境旅客数量接近 1.5 亿，境外旅游消费达到 2 773 亿美元。受疫情的影响，目前中国的出境游基本停滞。可喜的是，中国的旅游管理部门积极作为，在坚决保障旅客生命安全和身体健康、维护合法权益的同时，还从产业端发力，先后推出了众多支持旅游企业的政策，直接或间接地提升了旅游市场的信心。

随着新冠疫苗在全球的加快普及，世界各国都在为中国旅客的归来做准备。进入 6 月以来，部分欧洲国家已经向完成疫苗接种的外国旅客开放边境。未接种疫苗的欧洲旅客只需提交 48 小时或 72 小时内的核酸检测阴性证明，即可入境，无须隔离。在这个背景下，我认为今天的这场“全球救援服务论坛”很及时，也很有必要。全球救援服务机制与体系的创新，对更好保障出境安全、促进全球旅游业复苏，具有积极意义。在这里，我就如何在后疫情时代加强中国公民的出境安全保障，给出几点我个人的建议。

一、加强出境人员的风险防范意识。目前，我国的疫情防控已进入常态化，但外防输入、内防反弹的防控压力依然很大。各级政府与部门应相向而行，将人民的生命安全与身体健康放在第一位，发布统一的政策与建议，加强对出境人员的宣传，增强风险防范意识。

二、提高突发事件应对能力。呼吁对出境人员开展行前培训，加强风险认知，提前准备，了解风险管控的全过程，如防疫物资、卫生标准、日常行为管理等，制定应急预案并演练，提高突发事件的应对能力和效率。

三、提升出境游产品品质。提高食宿的卫生标准，减少购物消费环节，行程安排不要过于紧密，增加私人定制游、小团精品游、深度体验游、自由行等产品。重点推广安全性高、满意度高的特色出境游产品。

四、提供数字化解决方案。建议开发数字化平台，确保出境人员能够及时了解目的地国家或地区的疫情风险状况、酒店卫生条件等信息。建议开发紧急救援系统，优先发展救援服务平台，整合领保服务信息以及全球救援资源，确保出境人员在遇到危机时，可以第一时间通过系统平台获取救援信息及服务。

五、加强救援服务的国际合作。中国旅游企业和救援机构应积极担当作为，在政府的引导与支持下，加强国际合作，积极参与全球救援服务机制与体系的创新，依托互联网平台，形成综合性、多元化的全球救援服务网络，最大限度满足出境人员救援服务需求。

六、加强境外救援保险产品的开发与宣传。购买境外救援保险是一种有效保护出境人员的手段，可提供国际化、专业化的高水平保障，使出境人员更踏实、更放心。目前，该类保险的市场认知度不高，自愿购买意识不强，建议各级政府对出境人员积极引导，购买与旅途风险相匹配的高品质救援保险产品及服务。

如今，安全已成为出行的关键词，也是我们“走出去”的前提。正如沈开涛先生在致辞中所讲，通过创新，全球救援将被重新定义，这对于后疫情时代的“走出去”来说，尤为重要。希望政府、企业与个人共同努力，发挥全球救援服务机制的作用，为中国的“走出去”构筑坚强的保障！最后，衷心祝愿本次论坛取得圆满成功，谢谢大家。

第 1 部分

2020 年度中国对外直接投资与风险综述

1.1　三部委联合发布：2020 年中国对外直接投资实现平稳健康有序发展

2021 年 9 月 29 日，商务部、国家统计局和国家外汇管理局联合发布《2020 年度中国对外直接投资统计公报》（以下简称《公报》），正式公布 2020 年中国对外直接投资统计数据。

《公报》分中国对外直接投资概况、中国对外直接投资特点、中国对主要经济体的投资、对外直接投资者构成、对外直接投资企业的地区和行业分布、综合统计数据等六部分，全面介绍 2020 年中国对外直接投资情况。

《公报》显示，2020 年中国对外直接投资主要呈现以下特点：

一是中国企业对外投资总体保持活跃。2020 年中国对外直接投资 1 537.1 亿美元，同比增长 12.3%，流量规模首次位居全球第一。2020 年末，中国对外直接投资存量达 2.58 万亿美元，次于美国（8.13 万亿美元）和荷兰（3.8 万亿美元）。中国在全球外国直接投资中的影响力不断扩大，流量占全球比重连续 5 年超过一成，2020 年占 20.2%；存量占 6.6%，较上年提升 0.2 个百分点。2020 年中国双向投资基本持平，引进来走出去同步发展。

二是对“一带一路”沿线国家投资稳步增长。截至 2020 年底，中国 2.8 万家境内投资者在全球 189 个国家（地区）设立对外直接投资企业 4.5 万家，全球 80% 以上国家（地区）都有中国的投资，年末境外企业资产总额 7.9 万亿美元。在“一带一路”沿线国家设立境外企业超过 1.1 万家，2020 年当年实现直接投资 225.4 亿美元，同比增长 20.6%，占同期流量的 14.7%；年末存量 2 007.9 亿美元，占存量总额的 7.8%。2013 至 2020 年中国对沿线国家累计直接投资 1 398.5 亿美元。

三是投资领域日趋广泛，结构不断优化。2020 年，中国对外直接投资涵盖国民经济的 18 个行业大类，近七成投资流向租赁和商务服务、制造、批发和零售、金融领域，四大行业流量均超过百亿美元。2020 年末，中国对外直接投资存量的八成集中在服务业，主要分布在租赁和商务服务、批发和零售、信息传输/软件和信息技术服务、金融、房地产、交通运输/仓储和邮政等领域。

四是非公经济与公有经济控股主体的对外投资齐头并进。2020 年中国对外非金融类投资流量中，非公有经济控股的境内投资者对外投资 671.6 亿美元，占 50.1%，同比增长 14.1%；公有经济控股的境内投资者对外投资 668.9 亿美元，占 49.9%，同比增长 15.1%。

五是互利共赢效果凸显，实现共同发展。2020 年境外中资企业向投资所在国家和地区缴纳各种税金总额合计 445 亿美元，雇用外方员工 218.8 万人，占境外企业员工总数的 60.6%。对外投资带动我国产货物出口 1 737 亿美元，占中国货物出口总值的 6.7%。境外中资企业当年实现销售收入 2.4 万亿美元。

（资料来源：商务部网站，2021-09-29 09：00）

1.2　2020 年度中国对外直接投资统计公报（节选）

一、中国对外直接投资综述

（1）2020 年，中国对外直接投资净额（以下简称流量）为 1 537.1 亿美元，同比增长 12.3%。其中：新增股权投资 630.3 亿美元，占 41%；当期收益再投资 716.4 亿美元，占 46.6%；债务工具投资 190.4 亿美元，占 12.4%。

截至 2020 年底，中国 2.8 万家境内投资者在国（境）外共设立对外直接投资企业[①]（以下简称境外企业）4.5 万家，分布在全球 189 个国家（地区）[②]，年末境外企业资产总额 7.9 万亿美元。对外直接投资累计净额（以下简称存量）25 806.6 亿美元，其中：股权投资 14 777.3 亿美元，占 57.3%；收益再投资 7 860.4 亿美元，占 30.4%；债务工具投资 3 168.9 亿美元，占 12.3%。

表 1　　2020 年中国对外直接投资流量、存量分类构成情况　　单位：亿美元

指标 分类	流量			存量	
	金额	同比（%）	比重（%）	金额	比重（%）
合计	1 537.1	12.3	100.0	25 806.6	100.0
金融类	196.6	-1.5	12.8	2 700.6	10.5
非金融类	1 340.5	14.6	87.2	23 106.0	89.5

说明：1. 金融类指境内投资者直接投向境外金融企业的投资；非金融类指境内投资者直接投向境外非金融企业的投资。

2. 2020 年非金融流量数据与商务部 2020 年快报数据（1 101.5 亿美元）差异主要为收益再投资部分。

联合国贸发会议（UNCTAD）《2021 世界投资报告》显示，2020 年全球对外直接投资流量 0.74 万亿美元，年末存量 39.25 万亿美元。以此为基数计算，2020 年中国对外直接投资分别占全球当年流量、存量的 20.2% 和 6.6%，流量位列按全球国家（地区）排名的第一位，存量列第三位。

（2）2020 年，中国对外金融类直接投资流量 196.6 亿美元，同比下降 1.5%，其中对外货币金融服务类（原银行业）直接投资 121 亿美元，占 61.5%。

2020 年末，中国对外金融类直接投资存量 2 700.6 亿美元，其中对外货币金融服务

① 对外直接投资企业：指境内投资者直接拥有或控制 10% 或以上股权、投票权或其他等价利益的境外企业。

② 对外直接投资的国家（地区）按境内投资者投资的首个目的地国家（地区）进行统计。

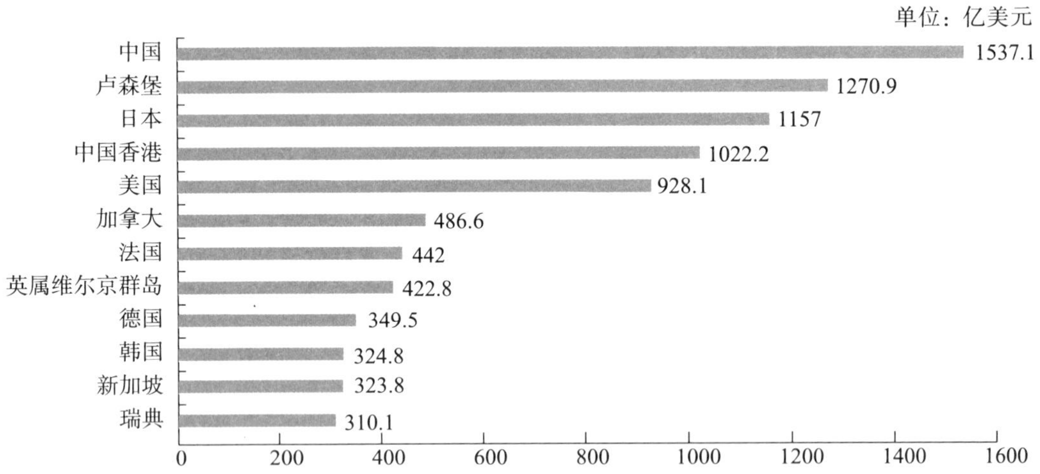

图 1　2020 年中国与全球主要国家（地区）对外直接投资流量对比

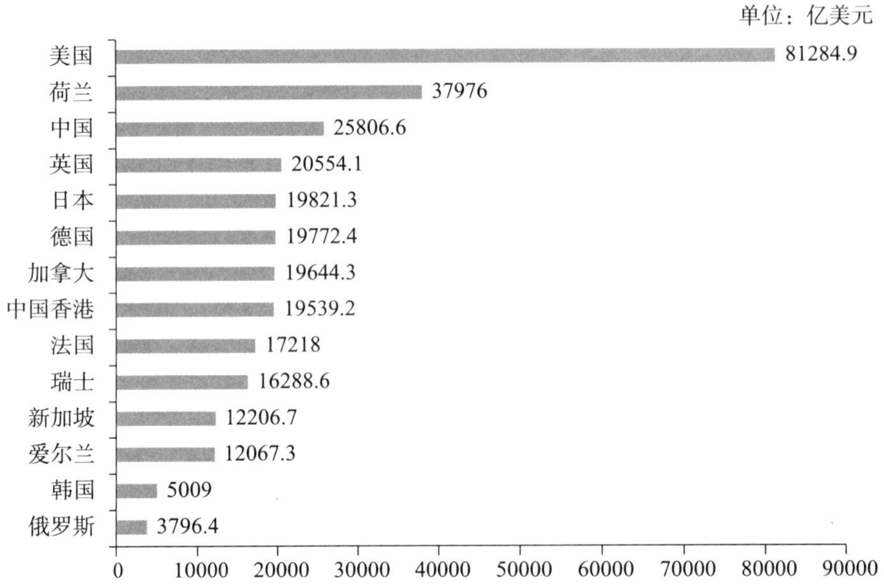

图 2　2020 年中国与全球主要国家（地区）对外直接投资存量对比

注：2020 年中国对外直接投资数据来源于《中国对外直接投资统计公报》，其他国家（地区）数据来源于联合国贸发会议《2021 世界投资报告》。

类直接投资 1 390.3 亿美元，占 51.5%；保险业 81.3 亿美元，占 3%；资本市场服务（原证券业）145.1 亿美元，占 5.4%；其他金融业 1 083.9 亿美元，占 40.1%。

截至 2020 年末，中国国有商业银行[①]共在美国、日本、英国等 51 个国家（地区）

① 中国国有商业银行包括中国银行、中国农业银行、中国工商银行、中国建设银行和交通银行。

开设 105 家分行、62 家附属机构，员工总数达 5.2 万人，其中雇用外方员工 4.9 万人，占 94.2%。2020 年末，中国共在境外设立保险机构 18 家。

（3）2020 年，对外非金融类直接投资流量 1 340.5 亿美元，同比增长 14.6%；对外投资带动出口 1 737 亿美元，同比增长 48.8%，占中国货物出口总值的 6.7%；境外企业实现销售收入 24 028 亿美元，同比下降 4.3%。2020 年末，中国对外非金融类直接投资存量 23 106 亿美元，境外企业资产总额 5 万亿美元。

（4）2020 年，境外企业向投资所在国家（地区）缴纳各种税金总额 445 亿美元；年末境外企业从业员工总数达 361.3 万人，其中雇用外方员工 218.8 万人，占 60.6%。

二、中国对外直接投资流量、存量

表 2　　中国建立《对外直接投资统计制度》以来历年统计结果　　单位：亿美元

年份	流量			存量	
	金额	全球位次	同比（%）	金额	全球位次
2002	27.0	26	—	299.0	25
2003	28.5	21	5.6	332.0	25
2004	55.0	20	93.0	448.0	27
2005	122.6	17	122.9	572.0	24
2006	211.6	13	43.8	906.3	23
2007	265.1	17	25.3	1 179.1	22
2008	559.1	12	110.9	1 839.7	18
2009	565.3	5	1.1	2 457.5	16
2010	688.1	5	21.7	3 172.1	17
2011	746.5	6	8.5	4 247.8	13
2012	878.0	3	17.6	5 319.4	13
2013	1 078.4	3	22.8	6 604.8	11
2014	1 231.2	3	14.2	8 826.4	8
2015	1 456.7	2	18.3	10 978.6	8
2016	1 961.5	2	34.7	13 573.9	6
2017	1 582.9	3	-19.3	18 090.4	2
2018	1 430.4	2	-9.6	19 822.7	3
2019	1 369.1	2	-4.3	21 988.8	3
2020	1 537.1	1	12.3	25 806.6	3

注：1. 2002—2005 年数据为中国对外非金融类直接投资数据，2006—2020 年为全行业对外直接投资数据。

2. 2006 年同比为对外非金融类直接投资比值。

（一）2020 年中国对外直接投资流量

1. 首次位居全球第一，占比达到两成。

联合国贸发会议（UNCTAD）《2021 世界投资报告》显示，2020 年，全球对外直接投资流量 7 399 亿美元，同比下降 39. 4%，其中发达经济体对外直接投资 3 471. 6 亿美元，下降 55. 5%，占全球流量的 46. 9%；发展中经济体对外投资 3 871 亿美元，同比下降 7. 1%，占 52. 3%：转型经济体[①] 56. 4 亿美元，占 0. 8%。

2020 年，中国对外直接投资逆势增长，流量达 1 537. 1 亿美元，首次跃居世界第一，占全球份额的 20. 2%[②]。

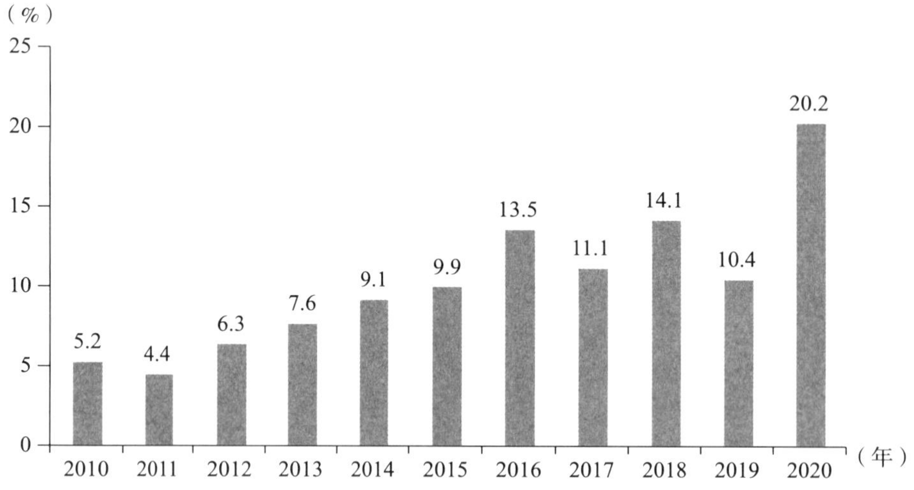

图 3　2010—2020 年中国对外直接投资流量占全球份额情况

自 2003 年中国有关部门权威发布年度对外直接投资统计数据以来，中国已连续九年位列全球对外直接投资流量前三，对世界经济的贡献日益凸显。2020 年流量是 2002 年的 57 倍，年均增长速度高达 25. 2%。“十三五”时期，中国累计对外直接投资达 7 881 亿美元，较“十二五”增长 46. 2%，占全球比重连续五年超过一成，中国对外投资在全球外国直接投资中的影响力不断扩大。从双向投资情况看，2020 年中国对外直接投资规模略高于吸引外资（1 493. 4 亿美元）。

2013—2020 年累计流量达 11 647. 4 亿美元，占对外直接投资存量规模的 45. 1%。

① 转型经济体包括东南欧、独联体和格鲁吉亚。东南欧包括阿尔巴尼亚、波黑、塞尔维亚、黑山、北马其顿；独联体包括亚美尼亚、阿塞拜疆、白俄罗斯、吉尔吉斯斯坦、摩尔多瓦、俄罗斯、乌克兰、塔吉克斯坦、哈萨克斯坦、土库曼斯坦、乌兹别克斯坦。

② 《2021 世界投资报告》涉及中国的对外直接投资数据采用的是 2020 年统计快报数据（1 329. 4 亿美元），公报数据为最终年度数据，此处流量占全球比重按调整后总量计算得出。

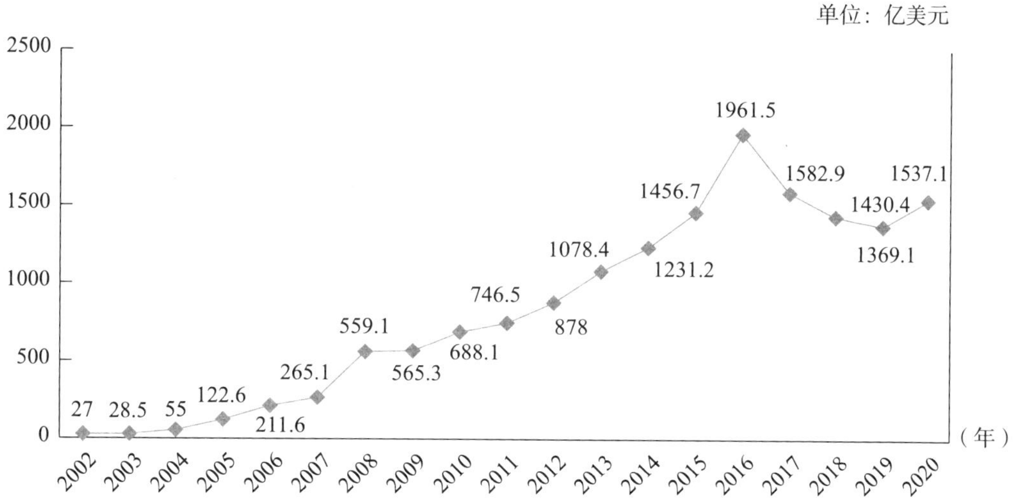

图 4 2002—2020 年中国对外直接投资流量情况

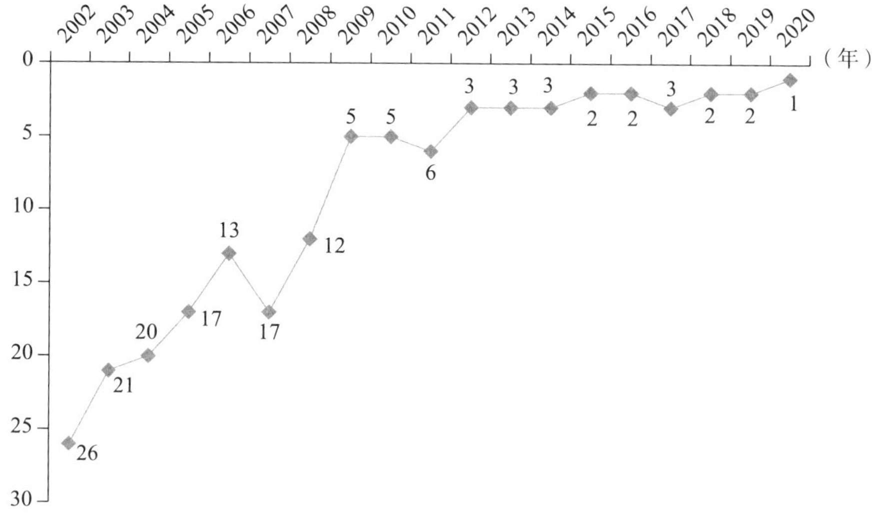

图 5 2002—2020 年中国对外直接投资流量在全球的位次

注：数据来源于历年《中国对外直接投资统计公报》。

2. 对外投资并购数量增、规模减，结构持续优化。

受疫情影响，中国对外投资并购总体规模下降。2020 年，企业共实施对外投资并购项目 513 起（较上年增加 46 起），涉及 61 个国家（地区），实际交易总额 282 亿美元，同比下降 17.7%。其中，直接投资[①] 164.8 亿美元，占并购总额的 58.4%，占当年

① 指境内投资者或其境外企业收购项目的款项来源于境内投资者的自有资金、境内银行贷款（不包括境内投资者担保的境外贷款）。

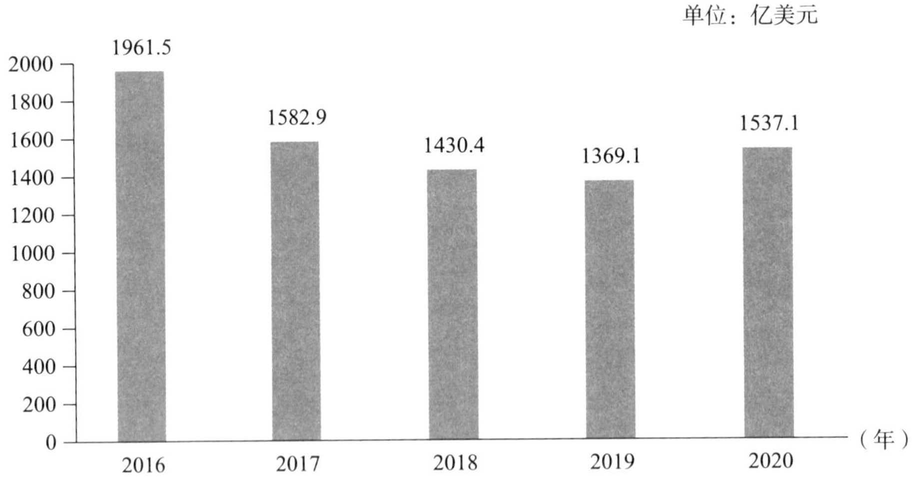

图 6 "十三五"时期中国对外直接投资流量情况

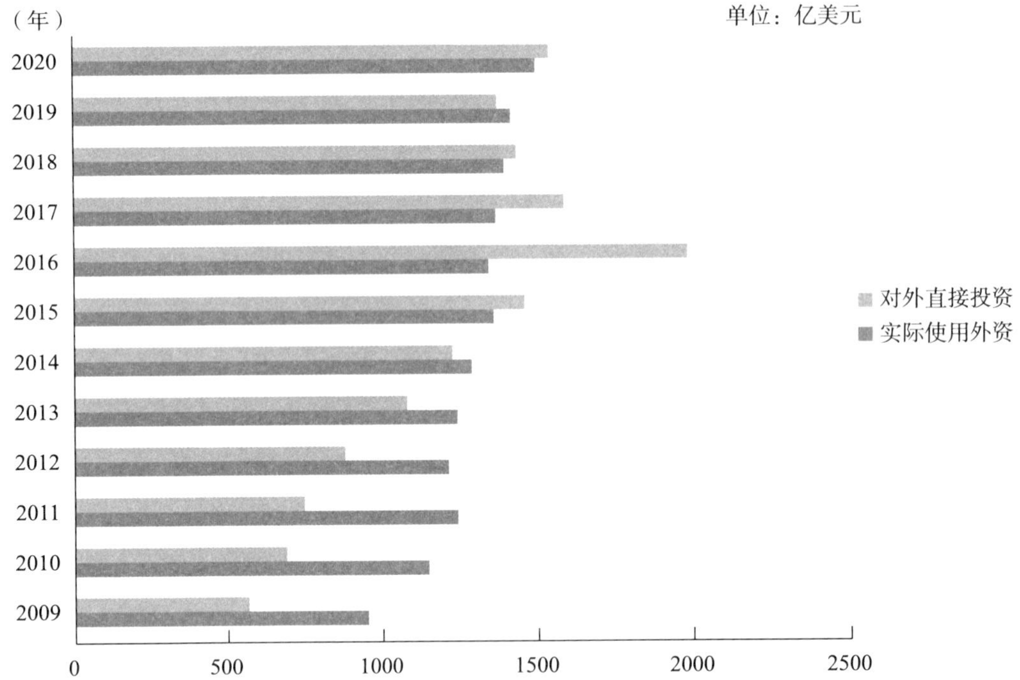

图 7 2009—2020 年中国双向直接投资对比

注：2009—2020 年中国实际使用外资数据来源于联合国贸发会议《2021 世界投资报告》。

中国对外直接投资总额的 10.7%；境外融资 117.2 亿美元，占并购总额的 41.6%。

表 3　2004—2020 年中国对外直接投资并购情况　单位：亿美元

年份	并购金额	同比（%）	比重（%）
2004	30.0	—	54.4
2005	65.0	116.7	53.0
2006	82.5	26.9	39.0
2007	63.0	-23.6	23.8
2008	302.0	379.4	54.0
2009	192.0	-36.4	34.0
2010	297.0	54.7	43.2
2011	272.0	-8.4	36.4
2012	434.0	59.6	31.4
2013	529.0	21.9	31.3
2014	569.0	7.6	26.4
2015	544.4	-4.3	25.6
2016	1 353.3	148.6	44.1
2017	1 196.2	-11.6	21.1
2018	742.3	-37.9	21.7
2019	342.8	-53.8	12.6
2020	282.0	-17.7	10.7

注：2012—2020 年并购金额包括境外融资部分，比重为并购金额中直接投资占当年流量的比重。

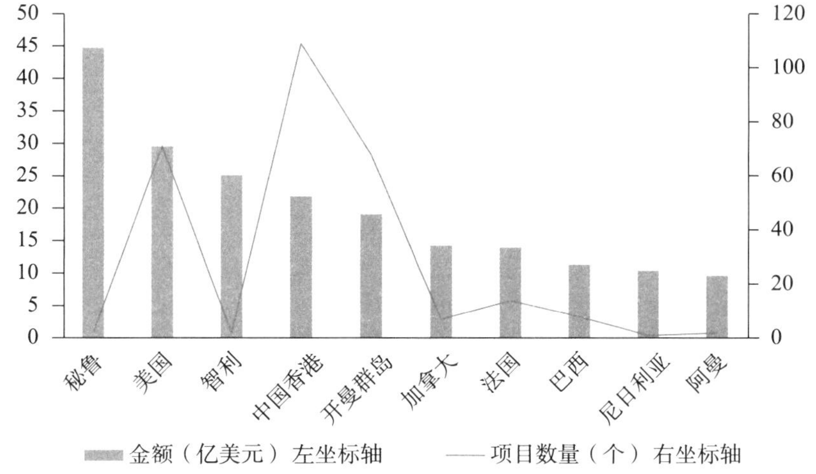

图 8　2020 年中国企业对外投资并购十大目的地（按并购金额）

表 4　　2020 年中国对外投资并购行业构成　　单位：亿美元

行业类别	数量（起）	金额	金额占比（%）
电力/热力/燃气及水的生产和供应业	27	97.5	34.6
制造业	152	69.7	24.7
交通运输/仓储和邮政业	17	33.1	11.7
采矿业	12	27.5	9.8
信息传输/软件和信息技术服务业	87	20.0	7.1
科学研究和技术服务业	81	14.3	5.1
租赁和商务服务业	34	7.4	2.6
农/林/牧/渔业	19	4.1	1.5
批发和零售业	62	3.8	1.4
建筑业	5	2.8	1.0
教育	3	0.6	0.2
居民服务/修理和其他服务业	6	0.4	0.1
文化/体育和娱乐业	3	0.4	0.1
其他	5	0.4	0.1
总计	513	282.0	100.0

2020 年，中国企业对外投资并购涉及电力/热力/燃气及水的生产和供应业、制造业、交通运输/仓储和邮政业等 16 个行业大类。从并购金额上看，电力/热力/燃气及水的生产和供应业 97.5 亿美元，居首位，涉及 27 个项目。制造业 69.7 亿美元，位居次席，涉及 152 个项目。交通运输/仓储和邮政业 33.1 亿美元，居第三位，涉及 17 个项目。

2020 年，中国企业对外投资并购分布在全球 61 个国家（地区），从并购金额看，秘鲁、美国、智利、中国香港、开曼群岛、加拿大、法国、巴西、尼日利亚和阿曼位列前十。

2020 年，中国企业对“一带一路”沿线国家实施并购项目 84 起，并购金额 31.5 亿美元，占并购总额的 11.1%。其中，阿曼、印度尼西亚、新加坡、斯里兰卡和菲律宾吸引中国企业并购投资均超 1 亿美元。

3. 新增股权投资增长三成，收益再投资创历史新高。

从对外直接投资流量构成看，2020 年新增股权投资 630.3 亿美元，同比增长 30.4%，占流量总额的 41%；债务工具投资（仅涉及对外非金融类企业）为 190.4 亿美元，占 12.4%；2020 年中国境外企业的经营情况良好，超七成企业盈利或持平，当年收益再投资（即新增留存收益）716.4 亿美元，创历史最高值，占同期中国对外直接投资流量的 46.6%。

表 5　　2006—2020 年中国对外直接投资流量构成　　单位：亿美元

年份	流量	新增股权		当期收益再投资		债务工具投资	
		金额	比重（%）	金额	比重（%）	金额	比重（%）
2006	211.6	51.7	24.4	66.5	31.4	93.4	44.2
2007	265.1	86.9	32.8	97.9	36.9	80.3	30.3
2008	559.1	283.6	50.7	98.9	17.7	176.6	31.6
2009	565.3	172.5	30.5	161.3	28.5	231.5	41.0
2010	688.1	206.4	30.0	240.1	34.9	241.6	35.1
2011	746.5	313.8	42.0	244.6	32.8	188.1	25.2
2012	878.0	311.4	35.5	224.7	25.6	341.9	38.9
2013	1 078.4	307.3	28.5	383.2	35.5	387.9	36.0
2014	1 231.2	557.3	45.3	444.0	36.1	229.9	18.6
2015	1 456.7	967.1	66.4	379.1	26	110.5	7.6
2016	1 961.5	1 141.3	58.2	306.6	15.6	513.6	26.2
2017	1 582.9	679.9	42.9	696.4	44	206.6	13.1
2018	1 430.4	704.0	49.2	425.3	29.7	301.1	21.1
2019	1 369.1	483.5	35.3	606.3	44.3	279.4	20.4
2020	1 537.1	630.3	41.0	716.4	46.6	190.4	12.4

4. 涉及领域广泛，近七成投资流向租赁和商务服务、制造、批发和零售、金融领域。

2020 年，中国对外直接投资涵盖了国民经济的 18 个行业大类，其中，流向租赁和商务服务、制造、批发和零售、金融业的投资均超过百亿美元。租赁和商务服务业保持第一位，制造业位列第二。

流向租赁和商务服务业的投资 387.2 亿美元，同比下降 7.5%，占当年流量总额的 25.2%。投资主要分布在中国香港、开曼群岛、英属维尔京群岛、新加坡、澳大利亚、德国、卢森堡等国家（地区）。

制造业 258.4 亿美元，同比增长 27.7%，占 16.8%。主要流向汽车制造、医药制造、计算机/通信和其他电子设备制造、专用设备制造、有色金属冶炼和压延加工、其他制造、橡胶和塑料制品、化学原料和化学制品、通用设备制造、电气机械和器材制造、纺织业、造纸和纸制品业、非金属矿物制品、食品制造、黑色金属冶炼和压延加

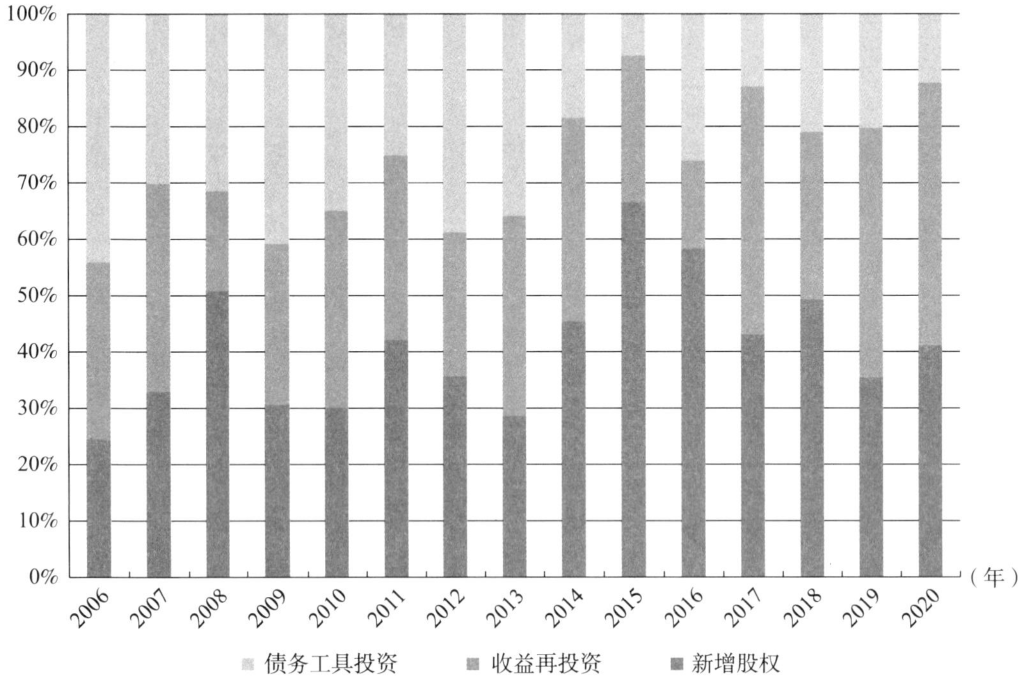

图 9　2006—2020 年中国对外直接投资构成情况

工、纺织服装/服饰制造等。其中，流向装备制造业的投资 119 亿美元，同比增长 89.8%，占制造业投资的 46.1%。

批发和零售业 230 亿美元，同比增长 18.3%，占 15%。主要流向中国香港、新加坡、美国、英属维尔京群岛、荷兰、开曼群岛、英国、中国澳门、法国、德国等。

金融业 196.6 亿美元，同比下降 1.5%，占 12.8%。2020 年，中国金融业境内投资者对境外金融类企业的直接投资 163.5 亿美元，占 83.2%；中国非金融业境内投资者投向境外金融企业的投资 33.1 亿美元，占 16.8%。

上述四领域合计投资 1 072.2 亿美元，占流量总额的 69.8%。

此外，2020 年流向信息传输/软件和信息技术服务业的投资 91.9 亿美元，同比增长 67.7%，占流量总额的 6%。

建筑业 80.9 亿美元，同比增长 114%，占 5.3%。

交通运输/仓储和邮政业 62.3 亿美元，同比增长 60.6%，占 4%。

采矿业 61.3 亿美元，同比增长 19.5%，占 4%。

电力/热力/燃气及水的生产和供应业 57.7 亿美元，同比增长 49.1%，占 3.7%。

房地产业 51.9 亿美元，占 3.4%。

科学研究和技术服务业 37.3 亿美元，同比增长 8.7%，占 2.4%。

居民服务/修理和其他服务业 21.6 亿美元，同比增长 29.3%，占 1.4%。

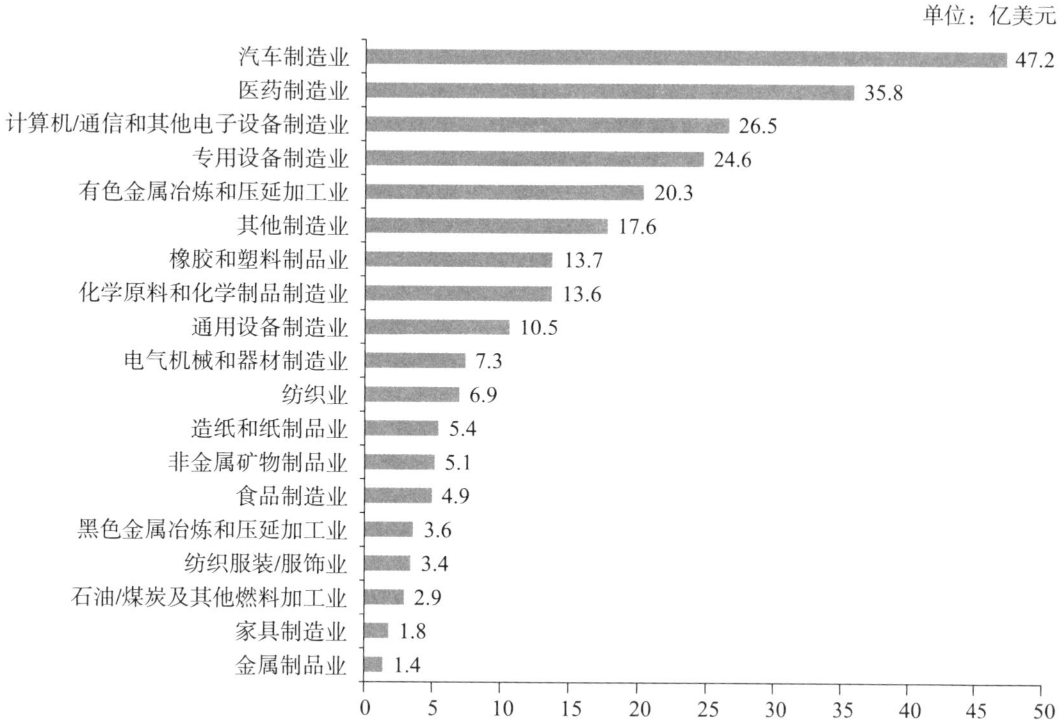

图 10　2020 年中国对外制造业投资流向的主要二级类别

受新冠肺炎疫情影响，流向农/林/牧/渔、住宿和餐饮、文化/体育和娱乐、教育等领域的投资降幅较大。

表 6　2020 年中国对外直接投资流量行业分布情况　单位：亿美元

行业	流量	同比（%）	比重（%）
合计	1 537.1	12.3	100.0
租赁和商务服务业	387.2	-7.5	25.2
制造业	258.4	27.7	16.8
批发和零售业	230.0	18.3	15.0
金融业	196.6	-1.5	12.8
信息传输/软件和信息技术服务业	91.9	67.7	6.0
建筑业	80.9	114.0	5.3
交通运输/仓储和邮政业	62.3	60.6	4.0
采矿业	61.3	19.5	4.0
电力/热力/燃气及水的生产和供应业	57.7	49.1	3.7
房地产业	51.9	51.8	3.4

续表

行业	流量	同比（%）	比重（%）
科学研究和技术服务业	37.3	8.7	2.4
居民服务/修理和其他服务业	21.6	29.3	1.4
农/林/牧/渔业	10.8	-55.7	0.7
卫生和社会工作	6.4	178.3	0.4
水利/环境和公共设施管理业	1.6	-40.7	0.1
教育	1.3	-80.0	0.1
住宿和餐饮业	1.2	-80.0	0.1
文化/体育和娱乐业	-21.3	0.0	-1.4

5. 除流向大洋洲的投资减少三成外，对其他地区的投资均呈不同程度增长。

2020 年，流向亚洲的投资 1 123.4 亿美元，同比增长 1.4%，占当年对外直接投资流量的 73.1%。其中，对中国香港的投资 891.5 亿美元，同比增长 1.5%，占对亚洲投资的 79.4%；对东盟 10 国的投资 160.6 亿美元，同比增长 23.3%，占对亚洲投资的 14.3%。

流向拉丁美洲的投资 166.6 亿美元，同比增长 160.7%，占当年对外直接投资流量的 10.8%。主要流向开曼群岛（85.6 亿美元）、英属维尔京群岛（69.6 亿美元）、阿根廷（4 亿美元）、秘鲁（3.2 亿美元）、巴西（3.1 亿美元）、墨西哥（2.6 亿美元）等，对委内瑞拉的投资呈负流量（-4.5 亿美元）。

流向欧洲的投资 126.9 亿美元，同比增长 20.6%，占当年对外直接投资流量的 8.3%。主要流向荷兰（49.4 亿美元）、瑞典（19.3 亿美元）、德国（13.8 亿美元）、瑞士（10.7 亿美元）、英国（9.2 亿美元）、卢森堡（7 亿美元）、俄罗斯（5.7 亿美元）等国家。

流向北美洲的投资 63.4 亿美元，同比增长 45.1%，占当年对外直接投资流量的 4.1%。其中，对美国投资 60.2 亿美元，同比增长 58%；加拿大 2.1 亿美元，同比下降 55.3%。

流向非洲的投资 42.3 亿美元，同比增长 56.1%，占当年对外直接投资流量的 2.8%。主要流向肯尼亚、刚果（金）、南非、埃塞俄比亚、尼日利亚、刚果（布）、尼日尔、赞比亚、塞内加尔等国家。

流向大洋洲 14.5 亿美元，同比下降 30.3%，占当年对外直接投资流量的 0.9%。主要流向澳大利亚、新西兰、马绍尔群岛、斐济等国家。

表 7 2020 年中国对外直接投资流量地区构成情况 单位：亿美元

洲别	金额	同比（%）	比重（%）
亚洲	1 123.4	1.4	73.1
欧洲	126.9	20.6	8.3
非洲	42.3	56.1	2.8
北美洲	63.4	45.1	4.1
拉丁美洲	166.6	160.7	10.8
大洋洲	14.5	-30.3	0.9
合计	1 537.1	12.3	100.0

表 8 2020 年中国对外直接投资流量前 20 位的国家（地区） 单位：亿美元

序号	国家（地区）	流量	占总额比重（%）
1	中国香港	891.5	58.0
2	开曼群岛	85.6	5.6
3	英属维尔京群岛	69.8	4.5
4	美国	60.2	3.9
5	新加坡	59.2	3.9
6	荷兰	49.4	3.2
	印度尼西亚	22.0	1.4
8	瑞典	19.3	1.3
9	泰国	18.8	1.2
10	越南	18.8	1.2
11	阿拉伯联合酋长国	15.5	1.0
12	老挝	14.5	0.9
13	德国	13.8	0.9
14	马来西亚	13.7	0.9
15	澳大利亚	12.0	0.8
16	瑞士	10.7	0.7
17	柬埔寨	9.6	0.6
18	巴基斯坦	9.5	0.6
19	英国	9.2	0.6
20	中国澳门	8.3	0.5
	合计	1 411.4	91.7

6. 对“一带一路”沿线国家投资增长两成，占比提升一个百分点。

2020 年末，中国境内投资者在“一带一路”沿线的 63 个国家设立境外企业超过 1.1 万家，涉及国民经济 18 个行业大类，当年实现直接投资 225.4 亿美元，同比增长 20.6%，占同期中国对外直接投资流量的 14.7%，较上年提升一个百分点。从行业构成看，流向制造业的投资 76.8 亿美元，同比增长 13.1%，占 34.1%；建筑业 37.6 亿美元，占 16.7%；电力生产和供应业 24.8 亿美元，占 11%；租赁和商务服务业 19.4 亿美元，占 8.6%；批发和零售业 16.1 亿美元，占 7.1%；科学研究和技术服务业 8.7 亿美元，占 3.8%；信息传输/软件和信息技术服务业 8.2 亿美元，占 3.6%；金融业 8 亿美元，占 3.5%。从国别构成看，主要流向新加坡、印度尼西亚、泰国、越南、阿拉伯联合酋长国、老挝、马来西亚、柬埔寨、巴基斯坦、俄罗斯等国家。2013—2020 年，中国对沿线国家累计直接投资 1 398.5 亿美元。

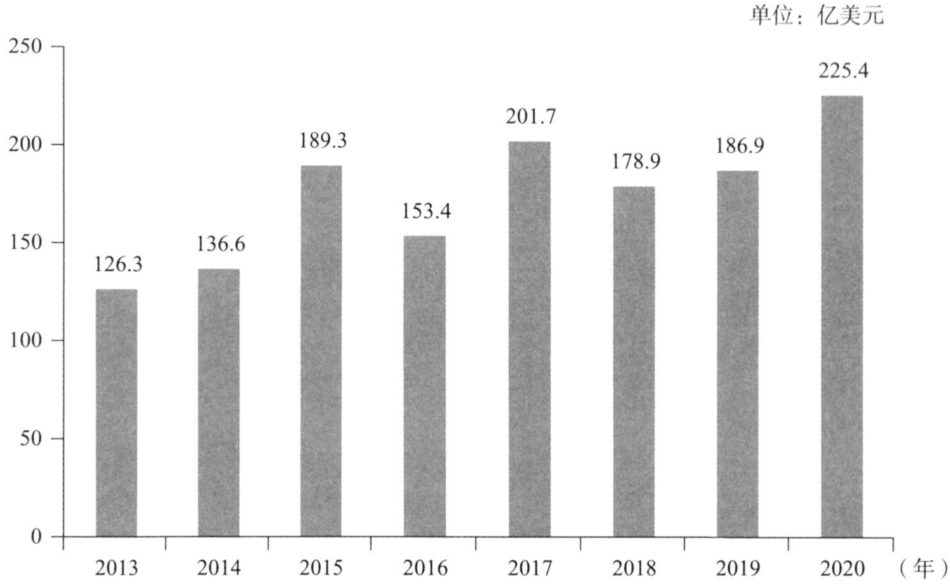

图 11　2013—2020 年中国对“一带一路”沿线国家投资情况

7. 超六成投资来自地方企业，中央企业对外投资增长较快。

2020 年，中央企业和单位对外非金融类直接投资流量 492 亿美元，占非金融类流量的 36.7%，其中，中央企业对外投资 470.5 亿美元，同比增长 26.3%。地方企业 848.5 亿美元，同比下降 5.4%，占 63.3%。其中，东部地区 713.9 亿美元，占地方投资流量的 84.1%，同比下降 0.2%；西部地区 59.2 亿美元，占 7%，同比下降 24.2%；中部地区 69.3 亿美元，占 8.2%，同比下降 23.9%；东北三省 6.1 亿美元，占 0.7%，同比下降 51.6%。广东、上海、浙江、江苏、山东、北京、福建、湖南、四川、天津列地方对外直接投资流量前 10 位，合计 740 亿美元，占地方对外直接投资流量的 87. 2%。

表 9　　2020 年地方对外直接投资流量按区域分布情况　　单位：亿美元

地区	流量	比重（%）	同比（%）
东部地区	713. 9	84. 1	-0. 2
中部地区	69. 3	8. 2	-23. 9
西部地区	59. 2	7. 0	-24. 2
东北三省	6. 1	0. 7	-51. 6
合　计	848. 5	100. 0	-5. 4

注：1. 东部地区包括北京、天津、河北、上海、江苏、浙江、福建、山东、广东和海南。

2. 中部地区包括山西、安徽、江西、河南、湖北、湖南。

3. 西部地区包括内蒙古、广西、重庆、四川、贵州、云南、西藏、陕西、甘肃、青海、宁夏、新疆。

4. 东北三省包括辽宁、吉林、黑龙江。

表 10　　2020 年地方对外直接投资流量前 10 位的省（市）　　单位：亿美元

序号	省、市	流量	占地方比重（%）
1	广东省	235. 3	27. 7
2	上海市	125. 5	14. 8
3	浙江省	107. 4	12. 7
4	江苏省	61. 4	7. 2
5	山东省	61. 0	7. 2
6	北京市	59. 9	7. 1
7	福建省	33. 4	3. 9
8	湖南省	21. 9	2. 6
9	四川省	18. 8	2. 2
10	天津市	15. 4	1. 8
	合计	740. 0	87. 2

8. 非公经济控股主体投资规模与公有经济大体相当。

2020 年，中国对外非金融类投资流量中，非公有经济控股的境内投资者对外投资 671. 6 亿美元，占 50. 1%，同比增长 14. 1%；公有经济控股对外投资 668. 9 亿美元，占 49. 9%，同比增长 15. 1%。

（二）2020 年末中国对外直接投资存量

1. 在全球的位置和比重。

2020 年末，中国对外直接投资存量 25 806.6 亿美元，较上年末增加 3 817.8 亿美元[①]，是 2002 年末存量的 86.3 倍，占全球外国直接投资流出存量的份额由 2002 年的 0.4%提升至 6.6%，排名由第 25 位攀升至第 3 位，仅次于美国（8.1 万亿美元）、荷兰（3.8 万亿美元）。从存量规模上看，中国与美国差距较大，仅相当于美国的 31.7%。

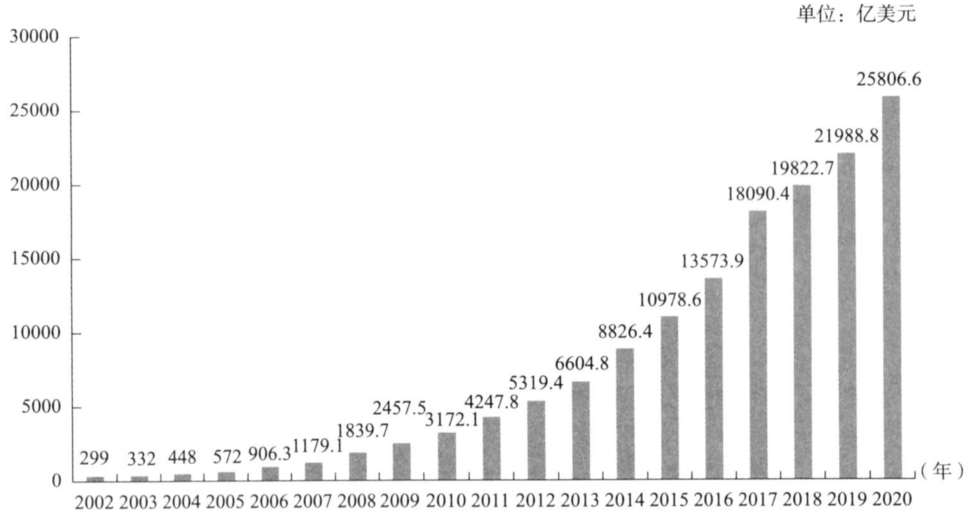

图 12　2002—2020 年中国对外直接投资存量情况

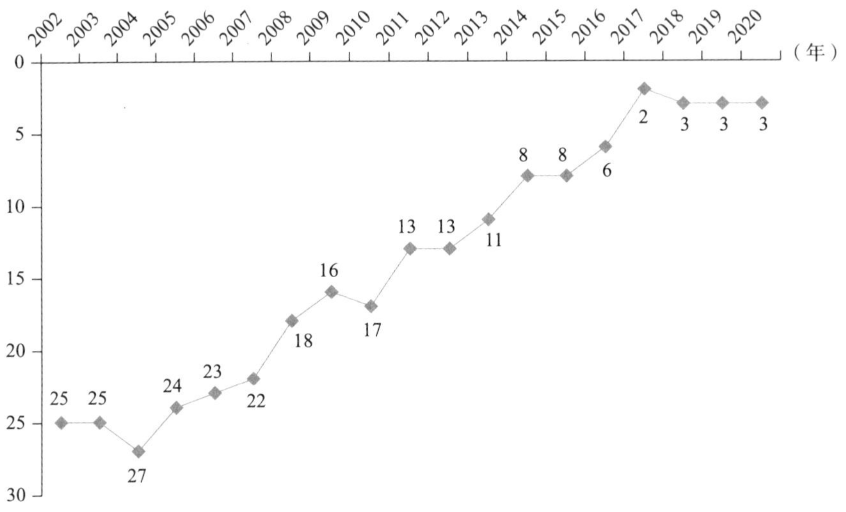

图 13　2002—2020 年中国对外直接投资存量在全球的位次

① 2020 年存量中充实了部分中国自然人对外投资数据。

表 11　　2020 年末全球对外直接投资存量上万亿美元的国家（地区）　单位：亿美元

位次	国家（地区）	存量	占全球比重（%）
1	美国	81 285	20.7
2	荷兰	37 976	9.7
3	中国	25 807	6.6
4	英国	20 554	5.2
5	日本	19 821	5.1
6	德国	19 772	5.0
7	加拿大	19 644	5.0
8	中国香港	19 539	5.0
9	法国	17 218	4.4
10	瑞士	16 289	4.2
11	新加坡	12 207	3.1
12	爱尔兰	12 067	3.1
	合计	302 179	77.1

注：2020 年中国对外直接投资数据来源于《中国对外直接投资统计公报》，其他国家（地区）数据来源于联合国贸发会议《2021 世界投资报告》。

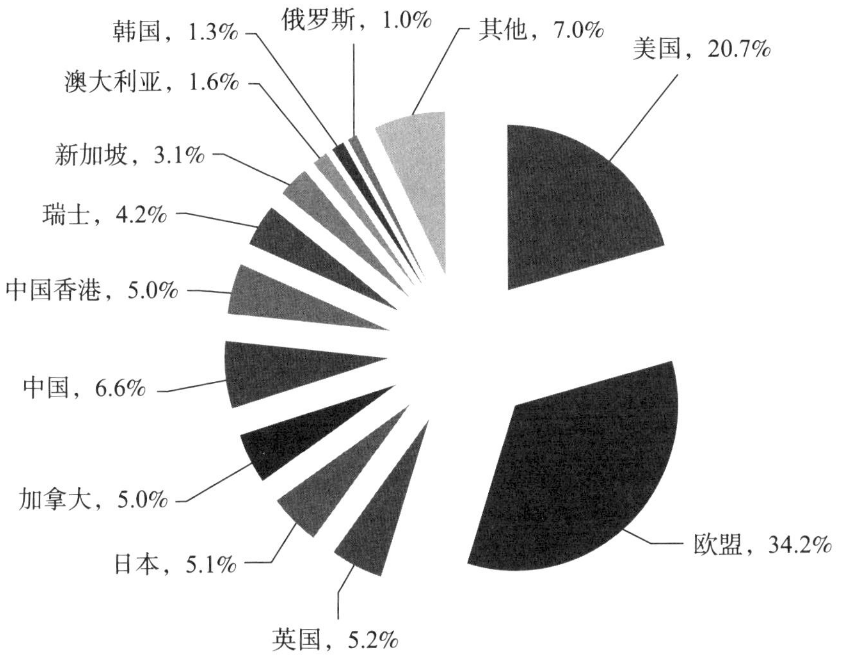

图 14　2020 年末全球主要经济体对外直接投资存量占比

2. 国家（地区）分布。

2020 年末，中国对外直接投资存量分布在全球的 189 个国家（地区），占全球国家（地区）总数的 81.1%。

2020 年末，中国在亚洲的投资存量为 16 448.9 亿美元，占 63.7%，主要分布在中国香港、新加坡、印度尼西亚、中国澳门、马来西亚、老挝、阿拉伯联合酋长国、泰国、越南、韩国、柬埔寨、巴基斯坦等；中国香港占亚洲存量的 87.5%。

拉丁美洲 6 298.1 亿美元，占 24.4%，主要分布在开曼群岛、英属维尔京群岛、巴西、委内瑞拉、阿根廷、秘鲁、智利、墨西哥、牙买加、巴拿马、特立尼达和多巴哥、厄瓜多尔等。其中，开曼群岛和英属维尔京群岛合计存量 3 897.2 亿美元，占对拉美地区投资存量的 97.3%。

欧洲 1 224.3 亿美元，占 4.7%，主要分布在荷兰、英国、卢森堡、德国、俄罗斯、瑞典、瑞士、法国、意大利、爱尔兰、捷克、西班牙等。2020 年末，在中东欧 17 国的投资存量为 37.4 亿美元，占对欧投资的 3.1%。

北美洲 1 000.2 亿美元，占 3.9%，主要分布在美国、加拿大。

非洲 434 亿美元，占 1.7%，主要分布在南非、刚果（金）、赞比亚、埃塞俄比亚、安哥拉、尼日利亚、肯尼亚、津巴布韦、阿尔及利亚、加纳、坦桑尼亚、莫桑比克、埃及、尼日尔、刚果（布）等。

大洋洲 401.1 亿美元，占 1.6%，主要分布在澳大利亚、新西兰、巴布亚新几内亚、萨摩亚、斐济、马绍尔群岛等。

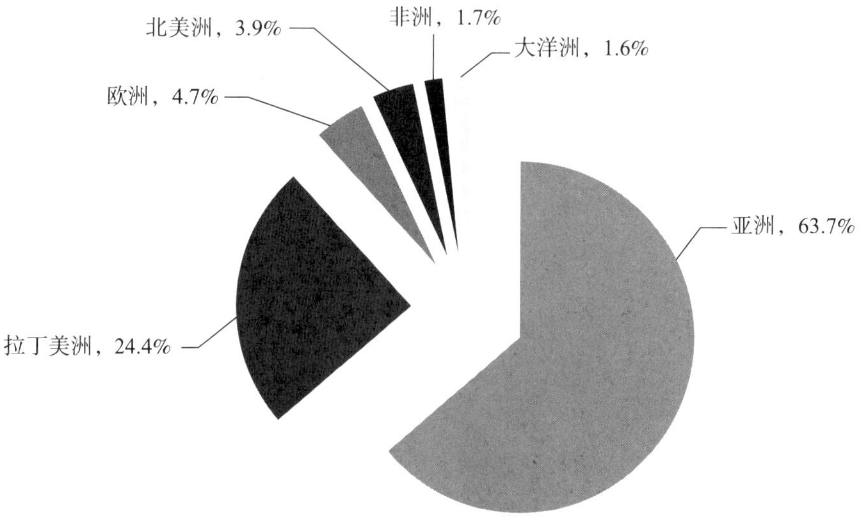

图 15　2020 年中国对外直接投资存量地区分布情况

中国对外直接投资存量的近九成分布在发展中经济体。2020 年末，中国在发展中经济体的投资存量为 22 998.3 亿美元，占 89.1%，其中，中国香港 14 385.3 亿美元，占发展中经济体投资存量的 62.5%；东盟 1 276.1 亿美元，占 5.5%。

2020 年末，中国在发达经济体的直接投资存量 2 539 亿美元，占 9.8%。其中，欧盟 830.2 亿美元，占在发达经济体投资存量的 32.7%；美国 800.5 亿美元，占 31.5%；澳大利亚 344.4 亿美元，占 13.6%；英国 176.5 亿美元，占 6.9%；加拿大 124.9 亿美元，占 4.9%；瑞士 67.6 亿美元，占 2.7%；日本 42 亿美元，占 1.7%；以色列 38.7 亿美元，占 1.5%；新西兰 28.7 亿美元，占 1.1%；挪威 10.4 亿美元，占 0.4%。

表 12　2020 年末中国在发达国家（地区）直接投资存量情况　单位：亿美元

国家、经济体	存量	比重（%）
欧盟	830.2	32.7
美国	800.5	31.5
澳大利亚	344.4	13.6
英国	176.5	7.0
加拿大	124.9	4.9
百慕大	74.8	2.9
瑞士	67.6	2.7
日本	42.0	1.7
以色列	38.7	1.5
新西兰	28.7	1.1
挪威	10.4	0.4
其他国家（地区）	0.3	0.0
合计	2 539.0	100.0

2020 年末，中国在转型经济体的直接投资存量 269.3 亿美元，占存量总额的 1.1%。其中，俄罗斯 120.1 亿美元，占转型经济体投资存量的 44.8%；哈萨克斯坦 58.7 亿美元，占 21.8%；乌兹别克斯坦 32.6 亿美元，占 12.1%；吉尔吉斯斯坦 17.7 亿美元，占 6.6%；塔吉克斯坦 15.7 亿美元，占 5.8%；格鲁吉亚 7 亿美元，占 2.6%；白俄罗斯 6.1 亿美元，占 2.3%；土库曼斯坦 3.4 亿美元，占 1.2%。

2020 年末，中国对外直接投资存量前 20 位的国家（地区）合计达到 24 105.1 亿美元，占中国对外直接投资存量的 93.4%。其分别是：中国香港、开曼群岛、英属维尔京群岛、美国、新加坡、澳大利亚、荷兰、印度尼西亚、英国、卢森堡、德国、加拿大、俄罗斯、瑞典、中国澳门、马来西亚、老挝、阿拉伯联合酋长国、泰国、越南。

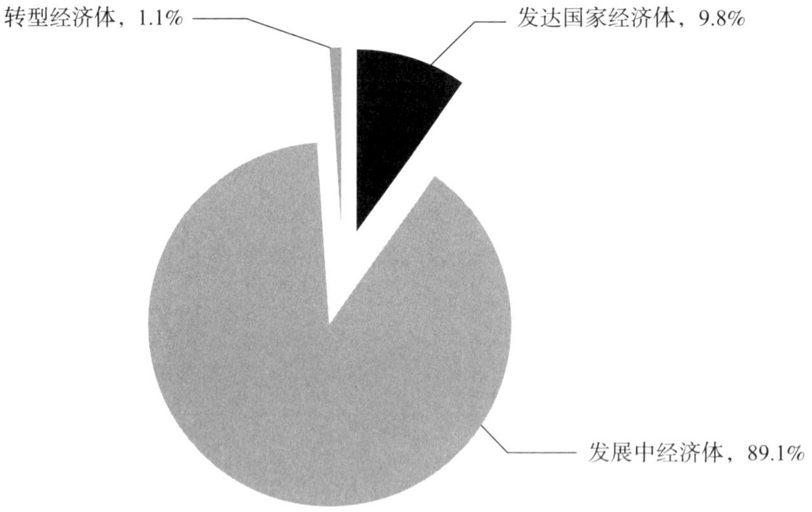

图 16　2020 年末中国对各类经济体直接投资存量构成

表 13　2020 年末中国对外直接投资存量前 20 位的国家（地区）　单位：亿美元

序号	国家（地区）	存量	比重（%）
1	中国香港	14 385.3	55.7
2	开曼群岛	4 570.3	17.7
3	英属维尔京群岛	1 556.4	6.0
4	美国	800.5	3.1
5	新加坡	598.6	2.3
6	澳大利亚	344.4	1.3
7	荷兰	260.4	1.0
8	印度尼西亚	179.4	0.7
9	英国	176.5	0.7
10	卢森堡	160.0	0.6
11	德国	145.5	0.6
12	加拿大	124.9	0.5
13	俄罗斯	120.7	0.5
14	瑞典	106.0	0.4
15	中国澳门	105.3	0.4
16	马来西亚	102.1	0.4
17	老挝	102.0	0.4
18	阿拉伯联合酋长国	92.8	0.4

续表

序号	国家（地区）	存量	比重（%）
19	泰国	88.3	0.3
20	越南	85.7	0.3
	合计	24 105.1	93.4

2020 年末，中国对“一带一路”沿线国家的直接投资存量为 2007.9 亿美元，占中国对外直接投资存量的 7.8%。存量位列前 10 的国家是：新加坡、印度尼西亚、俄罗斯、马来西亚、老挝、阿拉伯联合酋长国、泰国、越南、柬埔寨、巴基斯坦。

3. 行业分布。

（1）按国民经济行业分。

2020 年末，中国对外直接投资覆盖了国民经济所有行业类别，存量规模上千亿美元的行业有六个。

租赁和商务服务业以 8 316.4 亿美元高居榜首，占中国对外直接投资存量的 32.2%。其中包括以投资控股为主的对外投资活动，主要分布在中国香港、英属维尔京群岛、美国、开曼群岛、新加坡、德国、澳大利亚、日本等国家（地区）。

批发和零售业 3 453.2 亿美元，位列第二，占 13.4%。

信息传输/软件和信息技术服务业 2 979.1 亿美元，占 11.5%，是中国自然人对外投资较为集中的领域。

制造业 2 778.7 亿美元，占 10.8%，主要分布在计算机/通信及其他电子设备制造、汽车制造、专用设备制造、食品制造、化学原料及化学制品制造、其他制造等领域。其中，计算机/通信及其他电子设备制造业存量 598.9 亿美元，占制造业投资存量的 21.6%。

金融业 2 700.6 亿美元，占 10.5%。

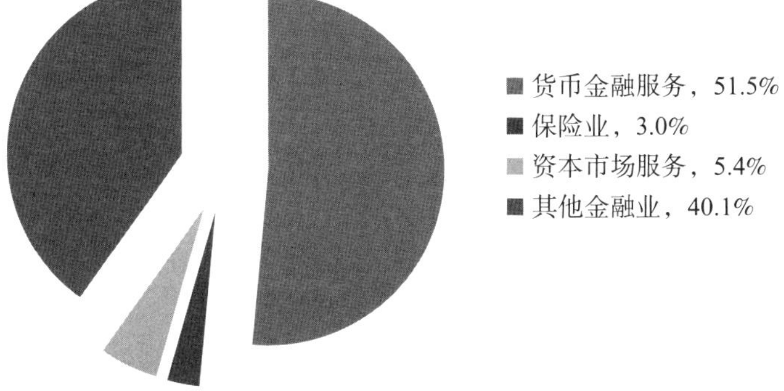

图 17　2020 年末中国对外金融业投资存量构成

采矿业 1 758. 8 亿美元，占 6. 8%，主要分布在石油和天然气开采、有色金属矿采选、黑色金属矿采选、煤炭开采等领域。

以上六个行业存量合计 21 986. 8 亿美元，占中国对外直接投资存量的 85. 2%。其他主要行业分布情况：

房地产业 814. 1 亿美元，占 3. 2%。

交通运输/仓储和邮政业 807. 8 亿美元，占 3. 1%，主要分布在水上运输、多式联运和运输代理、交通运输/仓储和邮政、航空运输等。

科学研究和技术服务业 605. 8 亿美元，占 2. 3%，主要为科技推广和应用服务、专业技术服务、研究和试验发展等。

建筑业 508 亿美元，占 2%，主要是土木工程、房屋建筑、建筑安装、建筑装饰/装修和其他建筑业的投资。

电力/热力/燃气及水的生产和供应业 423. 8 亿美元，占 1. 6%，主要为电力生产和供应业的投资。

农/林/牧/渔业 194. 3 亿美元，占 0. 8%，其中，农业占 23. 2%；林业占 19. 9%；渔业占 8. 9%；畜牧业占 4. 3%；农/林/牧/渔专业及辅助性活动占 37. 5%。

居民服务/修理和其他服务业 135. 4 亿美元，占 0. 5%，主要是其他服务业以及居民服务业的投资。

文化/体育和娱乐业 127 亿美元，占 0. 5%。

教育 79 亿美元，占 0. 3%。

住宿和餐饮业 49. 3 亿美元，占 0. 2%。

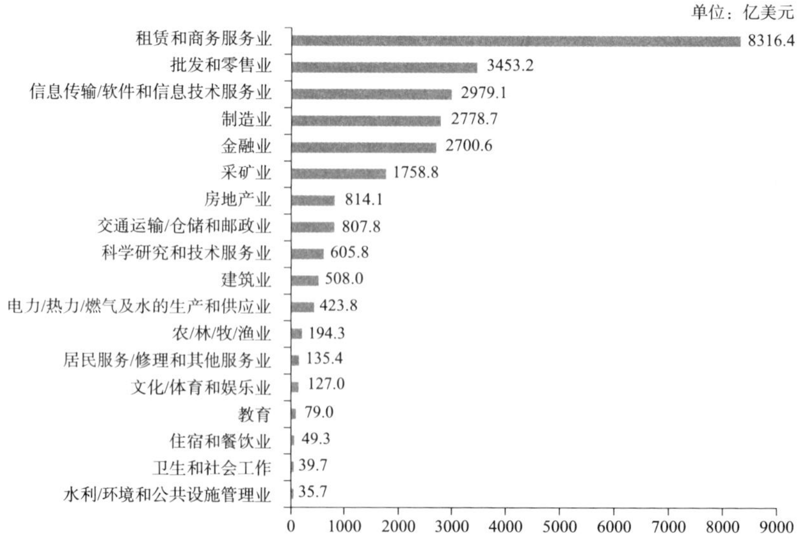

图 18 2020 年末中国对外直接投资存量行业分布

卫生和社会工作 39.7 亿美元，占 0.2%。

水利/环境和公共设施管理业 35.7 亿美元，占 0.1%。

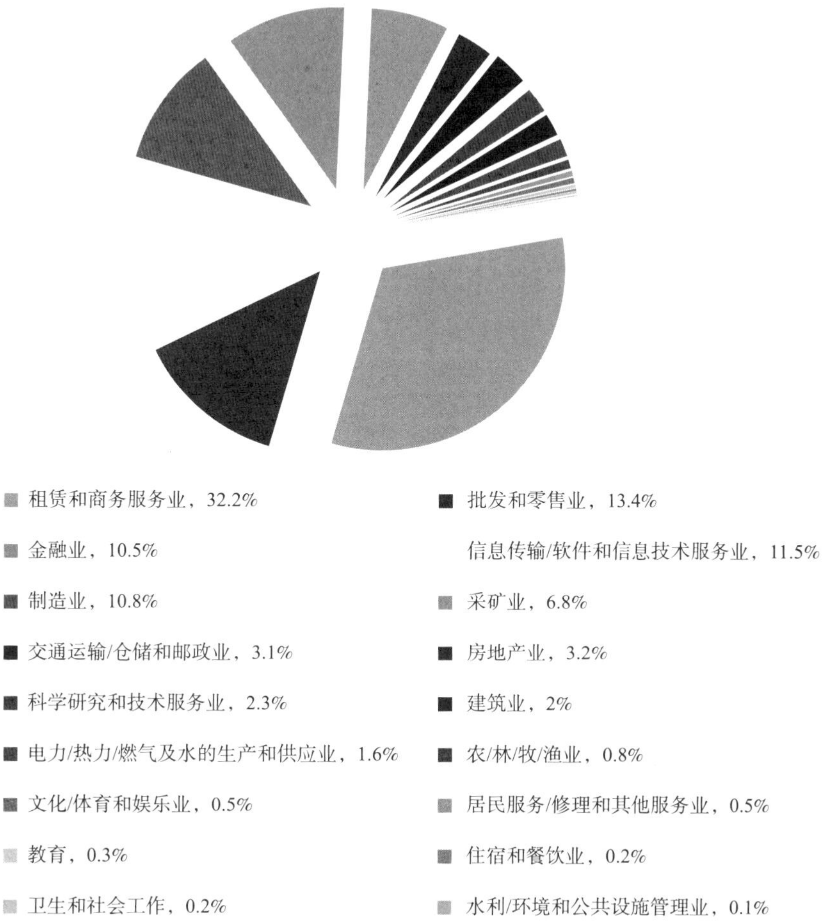

图 19　2020 年末中国对外直接投资存量行业比重

从不同地区的行业分布情况看，中国对各地区直接投资的行业高度集中。

表 14　2020 年末中国对各洲直接投资存量前五位的行业　单位：亿美元

地区	行业	存量	占比（%）
亚洲	租赁和商务服务业	6 694.8	40.7
	批发和零售业	2 500.1	15.2
	金融业	1 929.4	11.7
	制造业	1 619.9	9.8
	采矿业	865.2	5.3
	小计	13 609.4	82.7

续表

地区	行业	存量	占比（%）
非洲	建筑业	151.5	34.9
	采矿业	89.4	20.6
	制造业	61.3	14.1
	金融业	41.4	9.6
	租赁和商务服务业	23.5	5.4
	小计	367.1	84.6
欧洲	制造业	405.6	33.1
	采矿业	214.3	17.5
	金融业	181.2	14.8
	租赁和商务服务业	121.9	10.0
	批发和零售业	67.9	5.5
	小计	990.9	80.9
拉丁美洲	信息传输/软件和信息技术服务业	2 371.2	37.6
	租赁和商务服务业	1 339.0	21.3
	批发和零售业	786.3	12.5
	制造业	402.5	6.4
	科学研究和技术服务业	371.7	5.9
	小计	5 270.7	83.7
北美洲	制造业	265.8	26.6
	采矿业	149.9	15.0
	金融业	139.7	14.0
	信息传输/软件和信息技术服务业	95.7	9.6
	租赁和商务服务业	86.6	8.6
	小计	737.7	73.8
大洋洲	采矿业	175.1	43.6
	租赁和商务服务业	50.7	12.6
	金融业	41.2	10.3
	房地产业	34.1	8.5
	制造业	23.6	5.9
	小计	324.7	80.9

（2）按三次产业分。

2020 年末、中国对外直接投资存量的近八成集中在第三产业（即服务业），金额为 20 287.1 亿美元，主要分布在租赁和商务服务、批发和零售、信息传输/软件和信息技术服务、金融、房地产、交通运输/仓储等领域。第二产业 5 398 亿美元，占中国对外直接投资存量的 20.9%，其中，制造业（不含金属制品/机械和设备修理业）2 775.2 亿美元，占第二产业的 51.4%；采矿业（不含开采辅助活动）1 691 亿美元，占 31.3%；建筑业 508 亿美元，占 9.4%；电力/热力/燃气及水的生产和供应业 423.8 亿美元，占 7.9%。第一产业（农/林/牧/渔业、但不含农/林/牧/渔服务业）121.5 亿美元、占中国对外直接投资存量的 0.5%。

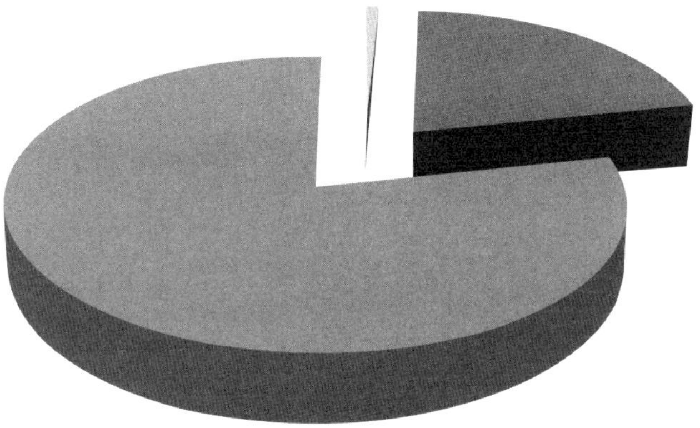

图 20　2020 年末中国对外直接投资存量按三次产业分类构成

4. 按境内投资者工商行政管理注册类型分类。

2020 年末，在对外非金融类直接投资 23 106 亿美元存量中，国有企业占 46.3%；非国有企业占 53.7%，较上年增加 3.8 个百分点，其中，有限责任公司占 13%，个体经营占 11.2%，股份有限公司占 9.9%，私营企业占 6.3%，港澳台商投资企业占 4.5%，外商投资企业占 3.1%，股份合作企业占 0.4%，集体企业占 0.4%，其他占 4.9%。

5. 省市分布。

2020 年末，地方企业对外非金融类直接投资存量达到 8 797.3 亿美元，占全国非金融类存量的 38.1%。其中，东部地区 7 287.6 亿美元，占 82.8%；西部地区 680.7 亿美元，占 7.7%；中部地区 612.4 亿美元、占 7%；东北三省 216.6 亿美元，占 2.5%。广东省以 2 278.2 亿美元的存量位列地方对外直接投资存量之首，其次为上海市 1 364.4 亿美元，其后依次为北京、浙江、山东、江苏、天津、福建、河南、安徽等。在 5 个计

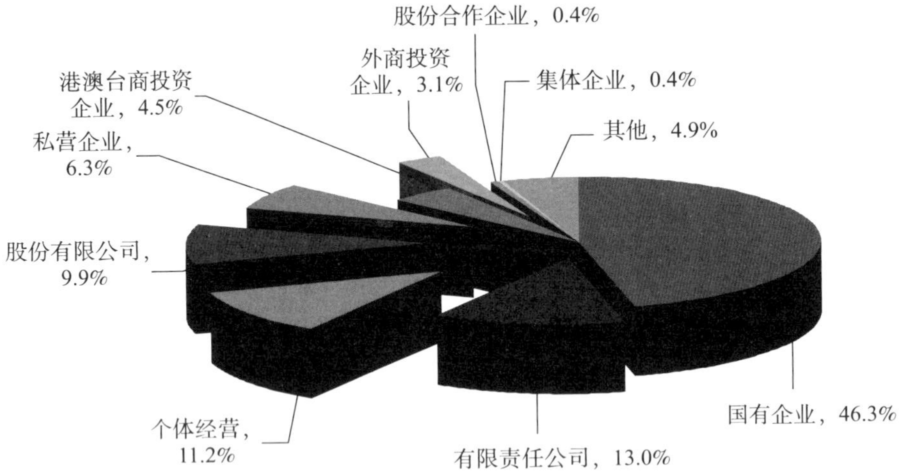

图 21 2020 年末中国对外非金融类直接投资存量按境内投资者注册类型分布情况

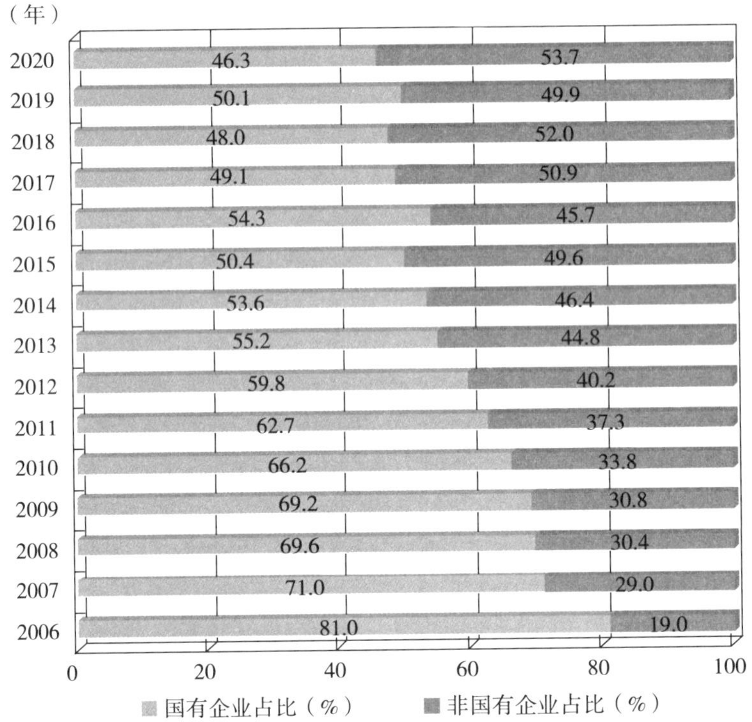

图 22 2006—2020 年中国国有企业和非国有企业存量占比情况

划单列市中，深圳市以 1 576.1 亿美元位列第一，占广东省对外直接投资存量的 69.2%，宁波市以 186.6 亿美元位列第二，占浙江省存量的 25%。

表 15　　2020 年末对外直接投资存量前 10 位的省（市）　　单位：亿美元

序号	省、市	存量
1	广东省	2 278.2
2	上海市	1 364.4
3	北京市	852.8
4	浙江省	747.6
5	山东省	677.9
6	江苏省	601.4
7	天津市	269.3
8	福建省	235.7
9	河南省	157.8
10	安徽省	147.5
	合计（占地方存量的 83.4%）	7 332.6

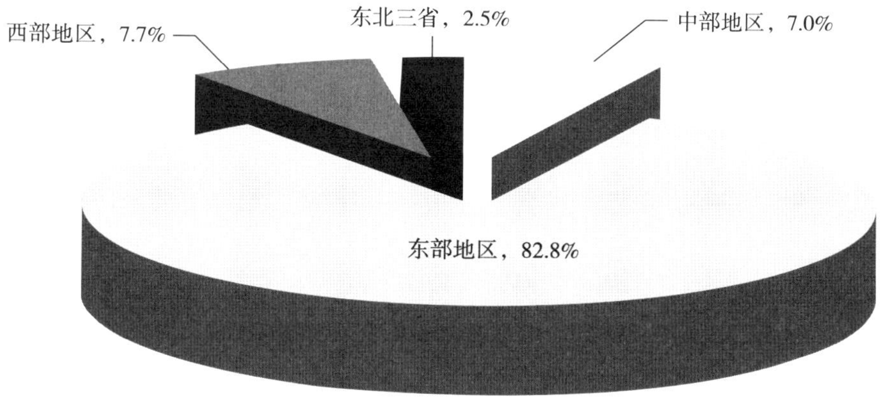

图 23　2020 年末地方企业对外直接投资存量地区比重构成

三、中国对世界主要经济体的直接投资

表 16　　2020 年中国对主要经济体投资情况　　单位：亿美元

经济体	流量			存量	
	金额	同比（%）	比重（%）	金额	比重（%）
中国香港	891.46	-1.6	58.0	14 385.31	55.7
东　盟	160.63	23.3	10.4	1 276.13	4.9
欧　盟	100.99	5.2	6.6	830.16	3.2

续表

经济体	流量			存量	
	金额	同比（%）	比重（%）	金额	比重（%）
美　国	60.19	58.1	3.9	800.48	3.1
澳大利亚	11.99	-42.5	0.8	344.39	1.3
俄罗斯	5.70	—	0.4	120.71	0.5
合　计	1 230.96	2.8	80.1	17 757.17	68.7

（一）中国内地对中国香港的投资

2020年，中国内地对中国香港的投资流量891.46亿美元，同比下降1.6%，占当年中国对外直接投资总额的58%，占对亚洲投资流量近八成。当年，中国内地企业共对中国香港实施并购项目109起，实际交易金额21.85亿美元。

从流量行业构成情况看，投资流向租赁和商务服务业302.73亿美元，同比下降19.3%，占34%，排名第一；批发和零售业172.84亿美元，同比增长28%，占19.4%，位居次席；金融业138.78亿美元，同比下降12.7%，占15.6%；制造业64.16亿美元，同比增长240.1%，占7.2%；房地产业46.01亿美元，同比增长55.4%，占5.2%；交通运输/仓储和邮政业36.93亿美元，同比增长51.6%，占4.1%；信息传输/软件和信息技术服务业29.19亿美元，同比下降52.6%，占3.3%。

2020年末，中国内地共在香港地区设立直接投资企业超1.4万家，年末投资存量为14 385.31亿美元，占中国内地对境外直接投资存量的一半以上，占对亚洲投资存量的87.5%。从存量的主要行业构成看，主要分布在租赁和商务服务业6 476.61亿美元，占45%；批发和零售业2 256.75亿美元，占15.7%；金融业1 697.73亿美元，占11.8%；制造业1 167.1亿美元，占8.1%；房地产业662.11亿美元，占4.6%；采矿业636.96亿美元，占4.4%；交通运输/仓储和邮政业505.83亿美元，占3.5%；信息传输/软件和信息技术服务业413.53亿美元，占2.9%；电力/热力/燃气及水的生产和供应业176.67亿美元，占1.2%；居民服务/修理和其他服务业89.88亿美元，占0.6%；科学研究和技术服务业80.12亿美元，占0.6%；建筑业占0.6%；文化/体育和娱乐业占0.5%；其他行业占0.5%。

表17　2020年中国内地对中国香港直接投资的主要行业　单位：万美元

行业	流量	比重（%）	存量	比重（%）
租赁和商务服务业	3 027 325	34.0	64 766 074	45.0

续表

行业	流量	比重（%）	存量	比重（%）
批发和零售业	1 728 434	19.4	22 567 472	15.7
金融业	1 387 755	15.6	16 977 264	11.8
制造业	641 637	7.2	11 671 014	8.1
房地产业	460 062	5.2	6 621 055	4.6
采矿业	236 064	2.6	6 369 563	4.4
交通运输/仓储和邮政业	369 338	4.1	5 058 310	3.5
信息传输/软件和信息技术服务业	291 855	3.3	4 135 294	2.9
电力/热力/燃气及水的生产和供应业	257 022	2.9	1 766 686	1.2
居民服务/修理和其他服务业	116 273	1.3	898 766	0.6
科学研究和技术服务业	159 547	1.8	801 244	0.6
建筑业	201 634	2.3	767 307	0.6
文化/体育和娱乐业	4 747	0.1	702 994	0.5
农/林/牧/渔业	80	0.0	312 210	0.2
卫生和社会工作	18 603	0.1	191 543	0.1
其他行业	14 210	0.1	246 296	0.2
合计	8 914 586	100.0	143 853 092	100.0

（二）中国对东盟的投资

2020 年，中国对东盟的直接投资流量 160.63 亿美元，同比增长 23.3%，占当年流量总额的 10.4%，占对亚洲投资流量的 14.3%；年末存量为 1 276.13 亿美元，占存量总额的 4.9%，占对亚洲投资存量的 7.8%。2020 年末，中国共在东盟设立直接投资企业超过 6 000 家，雇用外方员工超 55 万人。

从流量行业构成情况看，投资的第一目标行业是制造业 63.38 亿美元，同比增长 11.8%，占 39.5%、主要流向越南、印度尼西亚、新加坡、泰国和马来西亚；第二是租赁和商务服务业 17.04 亿美元，同比增长 43.3%，占 10.6%，主要流向新加坡；建筑业位列第三，16.74 亿美元，同比增长 253.1%，占 10.4%，主要流向泰国、老挝和柬埔寨；批发和零售业 15.98 亿美元，同比下降 29.6%，占 10%，主要流向新加坡；电力/热力/燃气及水的生产和供应业 14.36 亿美元，同比增长 59.8%，占 8.9%，主要流向马来西亚、越南、印度尼西亚、柬埔寨；交通运输/仓储和邮政业 8.34 亿美元，同比增长

97.9%，占5.2%，主要流向老挝和新加坡；金融业7.64亿美元，同比下降4%，占比4.8%，主要流向新加坡和印度尼西亚；信息传输/软件和信息技术服务业6.56亿美元，同比增长259.2%，占4.1%，主要流向新加坡；农/林/牧/渔业5.5亿美元，同比下降2.4%，占3.4%，主要流向老挝、印度尼西亚等。

从流向的主要国家看，新加坡居首位，流量达59.23亿美元，同比增长22.7%，占对东盟投资流量的36.9%，主要投向批发和零售业、租赁和商务服务业、制造业、信息传输/软件和信息技术服务业等；其次为印度尼西亚21.98亿美元，同比下降1.1%，占13.7%，主要投向制造业、电力/热力/燃气及水的生产和供应业、租赁和商务服务业等；泰国位列第三，18.83亿美元，同比增长37.2%，占11.7%，主要投向制造业、建筑业等。

从存量的主要行业构成看、投向制造业324.23亿美元，占25.4%、主要分布在印度尼西亚、越南、泰国、马来西亚、新加坡、柬埔寨、老挝等；租赁和商务服务业200.11亿美元，占15.7%，主要分布在新加坡、老挝等；批发和零售业188.35亿美元，占14.8%，主要分布在新加坡、马来西亚、泰国等；电力/热力/燃气及水的生产和供应业119.4亿美元，占9.4%，主要分布在新加坡、印度尼西亚、柬埔寨、马来西亚、缅甸等；建筑业105.6亿美元，占8.3%，主要分布在印度尼西亚、马来西亚、柬埔寨、老挝、新加坡等；采矿业88.53亿美元，占6.9%，主要分布在新加坡、印度尼西亚、缅甸等；金融业71.19亿美元，占5.6%，主要分布在新加坡、泰国、印度尼西亚、马来西亚等；交通运输/仓储和邮政业61.02亿美元，占4.8%，主要分布在新加坡、老挝等；农/林/牧/渔业53.7亿美元，占4.2%，主要分布在老挝、新加坡、柬埔寨、印度尼西亚等；信息传输/软件和信息技术服务业16.75亿美元，占1.3%，主要集中在新加坡；房地产业16.14亿美元，占1.3%，主要分布在新加坡、印度尼西亚、老挝等。

从存量看，中国对新加坡直接投资额居首位，达598.58亿美元，占对东盟投资存量的46.9%，主要投向租赁和商务服务业、批发和零售业、制造业、金融业等；其次为印度尼西亚179.39亿美元，占14.1%，主要投向制造业、建筑业、电力/热力/燃气及水的生产和供应业、采矿业等；马来西亚位列第三，102.12亿美元，占8%，主要投向制造业、建筑业、电力/热力/燃气及水的生产和供应业、批发和零售业等。

表18　2020年中国对东盟直接投资的主要行业　单位：万美元

行业	流量	比重（%）	存量	比重（%）
制造业	633 796	39.5	3 242 288	25.4
租赁和商务服务业	170 370	10.6	2 001 073	15.7

续表

行业	流量	比重（%）	存量	比重（%）
批发和零售业	159 839	10.0	1 883 482	14.8
电力/热力/燃气及水的生产和供应业	143 559	8.9	1 193 993	9.4
建筑业	167 357	10.4	1 055 955	8.3
采矿业	-12 380	-0.8	885 272	6.9
金融业	76 395	4.8	711 940	5.6
交通运输/仓储和邮政业	83 374	5.2	610 235	4.8
农/林/牧/渔业	54 996	3.4	536 972	4.2
信息传输/软件和信息技术服务业	65 622	4.1	167 471	1.3
房地产业	10 881	0.7	161 361	1.3
科学研究和技术服务业	4 413	0.3	126 992	1.0
居民服务/修理和其他服务业	25 169	1.6	68 490	0.5
教育	2 023	0.1	27 252	0.2
卫生和社会工作	606	0.0	23 418	0.2
其他行业	20 307	1.2	65 091	0.4
合计	1 606 327	100.0	12 761 285	100.0

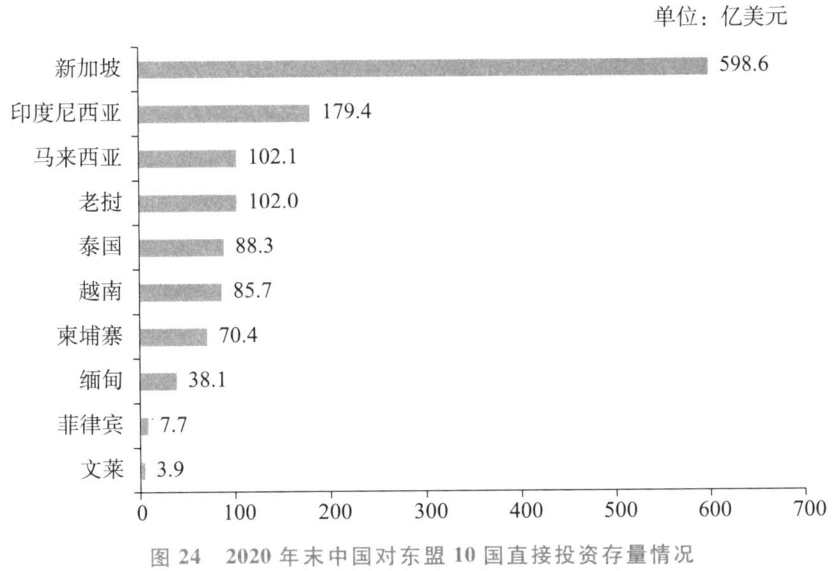

图 24　2020 年末中国对东盟 10 国直接投资存量情况

（三）中国对欧盟的投资

2020 年，中国对欧盟的投资流量达 100.99 亿美元，同比[①]增长 5.2%，占流量总额的 6.6%。2020 年末，中国共在欧盟设立直接投资企业近 2800 家，覆盖欧盟的全部 27 个成员国、雇用外方员工近 25 万人。

从流向的主要国家看，荷兰居首位，流量达 49.38 亿美元，同比增长 26.8%，占对欧盟投资流量的 48.9%，主要投向采矿业、信息传输/软件和信息技术服务业、批发和零售业等；其次为瑞典 19.3 亿美元，同比增长 0.7%，占 19.1%，主要投向制造业、批发和零售业等；德国位列第三，13.76 亿美元，同比下降 5.7%，占 13.6%，主要投向制造业、租赁和商务服务业、批发和零售业等。

从整体行业分布看，2020 年中国企业投资欧盟的第一大行业是制造业 31.11 亿美元，同比下降 44.3%，占 30.8%，主要流向瑞典、德国、波兰、法国、奥地利等；第二是采矿业 26.59 亿美元，同比增长 6.3 倍，占 26.3%，主要集中在荷兰；信息传输/软件和信息技术服务业排在第三，17.97 亿美元，同比增长 121.2%，占 17.8%，主要流向荷兰、德国等；批发和零售业 8.71 亿美元，同比增长 126.8%，占 8.6%，主要集中在荷兰、法国、德国、卢森堡等；租赁和商务服务业 6.91 亿美元，同比增长 99%，占 6.9%，主要流向德国、卢森堡、塞浦路斯等；金融业 4.38 亿美元，同比下降 43.5%，占 4.3%，主要流向卢森堡、意大利、爱尔兰等；居民服务/修理和其他服务业 1.48 亿美元，同比增长 132.2%，占 1.5%，主要流向卢森堡、德国等；科学研究和技术服务业 1.41 亿美元，同比下降 77.9%，占 1.4%，主要流向德国、西班牙、意大利等；建筑业 0.79 亿美元，同比增长 9.9%，占 0.8%；交通运输/仓储和邮政业 0.61 亿美元，同比增长 31.3%，占 0.6%；电力/热力/燃气及水的生产和供应业 0.53 亿美元，同比增长 67.1%，占 0.5%。

2020 年末，中国对欧盟直接投资存量为 830.16 亿美元，占中国对外直接投资存量的 3.2%。存量上百亿美元的国家为荷兰、卢森堡、德国、瑞典。其中，对荷兰直接投资额居首位，达 260.41 亿美元，占对欧盟投资存量的 31.4%，主要投向采矿业、制造业、信息传输/软件和信息技术服务业、批发和零售业、租赁和商务服务业等；其次为卢森堡 159.95 亿美元，占 19.3%，主要投向金融业、租赁和商务服务业、制造业等；德国位列第三，145.5 亿美元，占 17.5%，主要投向制造业、金融业、租赁和商务服务业、交通运输/仓储和邮政业、批发和零售业等。

从存量的行业分布看，制造业 287.61 亿美元，占 34.7%，主要分布在瑞典、德国、

① 同比计算基数不包含英国，下同。

荷兰、卢森堡、法国、意大利等；采矿业 154.31 亿美元，占 18.6%，主要分布在荷兰、卢森堡、塞浦路斯等；金融业 118.68 亿美元，占 14.3%，主要分布在卢森堡、德国、法国、意大利等；租赁和商务服务业 76.07 亿美元，占 9.2%，主要分布在卢森堡、德国、捷克、法国、荷兰等；批发和零售业 50.27 亿美元，占 6.1%，主要分布在法国、卢森堡、德国、荷兰、意大利、比利时等；信息传输/软件和信息技术服务业 48.95 亿美元，占 5.9%，主要集中在荷兰、德国；科学研究和技术服务业 24.37 亿美元，占 2.9%，主要分布在卢森堡、德国、瑞典、西班牙、意大利等；电力/热力/燃气及水的生产和供应业 22.12 亿美元，占 2.7%，主要分布在卢森堡、西班牙、德国、意大利等；交通运输/仓储和邮政业 12.74 亿美元，占 1.5%，主要分布在德国、希腊等；住宿和餐饮业 9.25 亿美元，占 1.1%，主要分布在瑞典、比利时等。

表 19　　2020 年中国对欧盟直接投资的主要行业　　单位：万美元

行业	流量	比重（%）	存量	比重（%）
制造业	311 059	30.8	2 876 060	34.7
采矿业	265 929	26.3	1 543 147	18.6
金融业	43 773	4.3	1 186 807	14.3
租赁和商务服务业	69 125	6.9	760 672	9.2
批发和零售业	87 099	8.6	502 712	6.1
信息传输/软件和信息技术服务业	179 687	17.8	489 469	5.9
科学研究和技术服务业	14 111	1.4	243 679	2.9
电力/热力/燃气及水的生产和供应业	5 273	0.5	221 179	2.7
交通运输/仓储和邮政业	6 062	0.6	127 396	1.5
住宿和餐饮业	929	0.1	92 450	1.1
农/林/牧/渔业	-3 952	-0.4	69 951	0.8
文化/体育和娱乐业	29	0.0	60 094	0.7
居民服务/修理和其他服务业	14 820	1.5	52 916	0.6
房地产业	2 272	0.2	43 215	0.5
建筑业	7 942	0.8	19 607	0.2
其他行业	5 725	0.6	12 210	0.2
合计	1 009 883	100.0	8 301 564	100.0

（四）中国对美国的投资

2020 年，中国对美国直接投资较上年增长 58.1%，流量 60.19 亿美元，占当年中国对外直接投资总额的 3.9%，占对北美洲投资流量的 94.9%；存量为 800.48 亿美元，占中国对外直接投资存量的 3.1%，占对北美洲投资存量的 80%。2020 年末，中国共在美国设立境外企业近 5 400 家，雇用外方员工超过 11 万人。

2020 年，中国对美投资覆盖国民经济 18 个行业大类。从构成情况看，流向制造业 45.53 亿美元，同比增长 96.3%，占 75.6%，仍是中国企业主要投资领域；批发和零售业 11.59 亿美元，同比增长 79.5%，占 19.3%，位居次席；流向金融业 7.56 亿美元（2019 年同期为负流量），占 12.6%；信息传输/软件和信息技术服务业 6.55 亿美元，同比下降 6.4%，占 10.9%；科学研究和技术服务业 3.93 亿美元，同比增长 61.5%，占 6.5%；交通运输/仓储和邮政业 2.63 亿美元，同比增长 4.6 倍，占 4.4%；建筑业 1.52 亿美元，同比下降 46.9%，占 2.5%；电力/热力/燃气及水的生产和供应业 1.49 亿美元，同比增长 27.7 倍，占 2.5%；住宿和餐饮业、文化/体育和娱乐业均为负流量。

从存量的行业构成看，主要分布在制造业 234.18 亿美元，占 29.3%；金融业 116.79 亿美元，占 14.6%；信息传输/软件和信息技术服务业 93.08 亿美元，占 11.6%；租赁和商务服务业 76.79 亿美元，占 9.6%；批发和零售业 67.55 亿美元，占 8.4%；采矿业 53.52 亿美元，占 6.7%；科学研究和技术服务业 34.29 亿美元，占 4.3%；房地产业 33.73 亿美元，占 4.2%；文化/体育和娱乐业 33.56 亿美元，占 4.2%；建筑业占 2.5%；住宿和餐饮业占 1.2%；交通运输/仓储和邮政业占 1.1%；其他占 2.3%。

表 20　　2020 年中国对美国直接投资的主要行业　　单位：万美元

行业	流量	比重（%）	存量	比重（%）
制造业	455 290	75.6	2 341 783	29.3
金融业	75 574	12.6	1 167 915	14.6
信息传输/软件和信息技术服务业	65 513	10.9	930 808	11.6
租赁和商务服务业	4 617	0.8	767 903	9.6
批发和零售业	115 943	19.3	675 544	8.4
采矿业	6 576	1.1	535 233	6.7
科学研究和技术服务业	39 347	6.5	342 896	4.3
房地产业	8 486	1.4	337 308	4.2
文化/体育和娱乐业	-223 939	-37.2	335 647	4.2
建筑业	15 235	2.5	203 701	2.5
住宿和餐饮业	-17 026	-2.8	95 346	1.2
交通运输/仓储和邮政业	26 341	4.4	84 538	1.1
电力/热力/燃气及水的生产和供应业	14 860	2.5	55 056	0.7
居民服务/修理和其他服务业	3 003	0.5	44 410	0.6
农/林/牧/渔业	3 567	0.6	38 707	0.5
其他行业	8 480	1.3	47 976	0.5
合计	601 867	100.0	8 004 771	100.0

（五）中国对澳大利亚的投资

2020 年，中国对澳大利亚的投资流量 11.99 亿美元，同比下降 42.6%，占流量总额的 0.8%，占对大洋洲投资流量的超八成。从行业分布情况看，投资主要流向：租赁和商务服务业 3.73 亿美元，占 31.2%；制造业 1.54 亿美元，占 12.8%；采矿业 1.51 亿美元，占 12.6%；农/林/牧/渔业 1.39 亿美元，占 11.6%；卫生和社会工作占 8.6%；房地产业占 5.1%。

2020 年末，中国对澳大利亚的投资存量为 344.39 亿美元，占中国对外直接投资存量的 1.3%，占对大洋洲投资存量的 85.9%；共在澳大利亚设立近 1 000 家境外企业，雇用外方员工近 2 万人。从存量的主要行业分布情况看，投向采矿业 161.12 亿美元，占 46.8%；租赁和商务服务业 47.66 亿美元，占 13.8%；金融业 34.87 亿美元，占 10.1%；房地产业 30.36 亿美元，占 8.8%；制造业 19.17 亿美元，占 5.6%；农/林/牧/渔业 9.71 亿美元，占 2.8%；批发和零售业 9.13 亿美元，占 2.7%。

表 21　2020 年中国对澳大利亚直接投资的主要行业　单位：万美元

行业	流量	比重（%）	存量	比重（%）
采矿业	15 074	12.6	1 611 170	46.8
租赁和商务服务业	37 339	31.2	476 580	13.8
金融业	1 171	1.0	348 680	10.1
房地产业	6 163	5.1	303 612	8.8
制造业	15 380	12.8	191 737	5.6
农/林/牧/渔业	13 905	11.6	97 119	2.8
批发和零售业	3 428	2.9	91 334	2.7
交通运输/仓储和邮政业	2 022	1.7	90 627	2.6
电力/热力/燃气及水的生产和供应业	2 399	2.0	62 752	1.8
卫生和社会工作	10 306	8.6	50 367	1.5
建筑业	5 082	4.2	48 724	1.4
科学研究和技术服务业	2 660	2.2	26 977	0.8
住宿和餐饮业	2 877	2.4	22 949	0.7
其他行业	2 053	1.7	21 308	0.6
合计	119 859	100.0	3 443 936	100.0

（六）中国对俄罗斯的投资

2020 年，中国对俄罗斯的投资流量为 5.7 亿美元（2019 年为负流量），占流量总额的 0.4%，占对欧洲投资流量的 4.5%。从行业分布情况看，投资主要集中在采矿业（2.16 亿美元）、科学研究和技术服务业（1.64 亿美元）、建筑业（0.65 亿美元）、农/林/牧/渔业（0.5 亿美元）、租赁和商务服务业（0.48 亿美元）等。

2020 年末，中国对俄罗斯的投资存量为 120.71 亿美元，占中国对外直接投资存量的 0.5%，占对欧洲地区投资存量的 9.9%；共在俄罗斯设立近 1 000 家境外企业，雇用外方员工超 2.2 万人。从存量的主要行业分布情况看，投向采矿业 49.95 亿美元，占 41.4%；农/林/牧/渔业 27.72 亿美元，占 23%；制造业 15.69 亿美元，占 13%；租赁和商务服务业 6.43 亿美元，占 5.3%；科学研究和技术服务业 5.23 亿美元，占 4.3%；金融业 4.97 亿美元，占 4.1%；批发和零售业 3.32 亿美元，占 2.7%；房地产业 3.11 亿美元，占 2.6%。

表 22　2020 年中国对俄罗斯直接投资的主要行业　单位：万美元

行业	流量	比重（%）	存量	比重（%）
采矿业	21 638	37.9	499 523	41.4
农/林/牧/渔业	4 994	8.7	277 186	23.0
制造业	2 088	3.7	156 943	13.0
租赁和商务服务业	4 762	8.4	64 266	5.3
科学研究和技术服务业	16 355	28.7	52 252	4.3
金融业	548	1.0	49 732	4.1
批发和零售业	1 165	2.0	33 164	2.7
房地产业	—	—	31 145	2.6
建筑业	6 454	11.3	27 010	2.2
信息传输/软件和信息技术服务业	-919	-1.6	6 853	0.6
交通运输/仓储和邮政业	-79	-0.1	5 342	0.4
电力/热力/燃气及水的生产和供应业	12	0.0	2 259	0.2
其他行业	14	0.0	1 414	0.2
合计	57 032	100.0	1 207 089	100.0

（资料来源：商务部网站，2021 年 9 月 29 日）

第 2 部分

2021 中国企业“走出去”全球风险及风险指引

2.1　2021 中国企业“走出去”全球风险概况

发布单位：2021 中国企业“走出去”风险发布会

发布时间：2021. 6. 17

发布地点：中国 · 北京

发布形式：全球网络发布

一、亚洲

综合风险

伊核问题、巴以冲突、南海局势、印太战略、缅甸动荡……大国多方博弈叠加印度疫情失控与风险外溢，亚洲地缘政治关系复杂化进一步加剧，亚洲各区域投资的安全风险显著增加。

政治风险

受南海局势影响，东南亚政治冲突风险增大；政局动荡、国际制裁及国内抗议导致缅甸政治与政策稳定性持续恶化；印度尼西亚政治诚信风险有所增加。

东北亚政冷经热的局面受到大国关系的持续影响，政治风险增加。

在南亚，地缘政治因素及行政扩权延续，印度政治受西方“印太战略”与国内疫情防控问责的双重影响，风险显著增加。

中东局势扑朔迷离，多国博弈引发冲突，伊核协议悬而未决、巴以冲突愈演愈烈，区域政治风险居高不下。

经济风险

疫情的反复使得亚洲驱动全球经济复苏的预期遭遇挑战，贸易、旅游明显萎缩，主要新兴经济体经济复苏仍低于预期；印度、柬埔寨等遭受疫情冲击严重的国家出现大面积停产、停工，经济下行风险急剧上升，相关国家产业链、供应链发展中断或停滞的风险进一步累积。

营商风险

区域营商环境整体出现变差的趋势，投资风险与运营风险有所增加，腐败、基础设施短缺、税务纠纷、土地征用过程中的障碍等主要挑战仍将继续存在。

印度政府加大干涉各行业跨国投资力度，官僚主义引致的摩擦、合规风险和政策朝令夕改的可能性随之增加。

安全风险

区域地缘政治复杂及疫情暴发导致安全形势恶化。西亚战争及恐怖袭击风险显著增加；东南亚安全局势因海洋权益竞争冲突而有所紧张；缅甸政局动荡、社会环境难以好转，安全形势令人忧虑；南亚新冠肺炎疫情暴发导致的医疗资源紧缺容易引发失序、混乱，存在安全风险。

旅行风险

亚洲旅行风险较高，特别是西亚、南亚、东南亚地区。受限于疫情封锁，目前南亚地区跨境出行已基本阻断。

卫生风险

受新冠肺炎疫情冲击，亚洲地区卫生风险较高；南亚已成为第二个“震中”，医疗资源和卫生防疫物资短缺、疫苗接种率低，卫生防控趋于疲软，印度疫情恶化和大规模外溢，极易对南亚及周边国家疫情产生难以估量的严重影响。

二、非洲

综合风险

疫情严峻导致多国政治稳定和环境安全受到挑战，部分依赖能源和旅游、交通、酒店业的国家陷入经济困境。尼日利亚政府债务情况进一步恶化，由于资金汇回和外汇兑换政策不稳定，外国投资者风险增大。埃塞俄比亚提格雷州安全危机持续发酵，该国政治、经济和疫情前景阴云难消，工业园出口大幅下跌45%。赞比亚大选竞争激烈，可能导致局部暴力冲突，进而导致经济衰退及商业环境进一步复杂化。乍得总统代比突然死亡使得该国政局前景不明。

政治风险

出现以遏制中国为目的的大国角力，叠加疫情蔓延，促使极端民族主义和民粹主义膨胀，非洲一些国家政治风险进一步增加。

经济风险

受疫情拖累，地区经济陷入严重衰退，外来投资遭遇双位数下降，经济恢复低于全球平均水平。粮食供应短缺及大宗商品价格上涨风险，推升通货膨胀预期。

营商风险

权力寻租等腐败行为与行政效率持续低下令人担忧，法律成本与融资成本比例超常，营商环境风险居高不下。

安全风险

疫情蔓延进一步恶化地区安全局势。受到恐怖主义、政治冲突、经济困境、就业不足及极端思想的多重影响，一些国家恐怖袭击和刑事犯罪交错上升，几内亚湾海盗袭击活动、尼日利亚绑架劫持事件显著增加，大部分国家的安全风险增大。

旅行风险

非洲地区旅行风险依然较高。各国疫情严重程度不等，管控方式严松各异，国际旅行尚未恢复。

卫生风险

本地区的医疗卫生基础设施整体薄弱，卫生风险在新冠肺炎疫情及其他流行病的打击下仍然维持高水平。疫情最严重的前 10 个国家分别是：南非、摩洛哥、突尼斯、埃塞俄比亚、埃及、利比亚、安哥拉、肯尼亚、阿尔及利亚和加纳。

三、大洋洲

综合风险

受地缘政治、选边站队及疫情影响，中澳关系短期内改善无望，严苛的投资审查进一步加大了澳大利亚政治与营商风险；受经济衰退与财政赤字恶化影响，澳大利亚债务风险显著增加。

政治风险

强化外资安全审查与经济政治化升级，澳大利亚政治及政策性风险急剧攀升，中国企业赴澳投资风险显著增加。

经济风险

对华出口显著减少加重了经济衰退，加之财政赤字恶化影响，澳大利亚经济风险显著增加。大洋洲其他国家受疫情叠加影响，经济脆弱性更加凸显。

营商风险

受持续恶化的政治舆论影响，澳大利亚的营商环境风险显著增加。同时关注其他国家的营商环境风险。

安全风险

澳大利亚和新西兰的社会治安稍好，但针对华人的社会治安问题时有发生。

旅行风险

由于新冠肺炎疫情的持续暴发，大洋洲的旅行风险较高，目前国际出行尚未恢复。

卫生风险

区域卫生风险维持较高水平。

四、欧洲

综合风险

欧洲地缘政治风险波澜不断，疫情拖累区域经济恢复，部分欧洲国家营商环境风险增大，安全形势存在隐忧。反复封城严重制约了跨国旅行；疫苗供应不足与接种率低的问题突出，公共卫生形势难言乐观。

政治风险

区域政治风险显著增加。德国秋季换届选举结果较难预测，英国脱欧过渡期结束，苏格兰独立公投、北爱尔兰留欧等问题继续发酵，中东欧地区受欧盟、美国和俄罗斯的交叉影响明显。美俄间的博弈或将拉开新一轮对俄制裁的序幕，乌克兰局势升级使区域地缘政治风险进一步增加。

经济风险

欧洲经济受疫情影响显著，欧盟主要成员国恢复迟缓，经济形势仍存在较大不确定性。

营商风险

民粹主义和极端主义升温加速，投资审查力度加强，部分欧洲国家营商环境风险增大。多国采取封城防疫措施，服务业企业面临严重的破产危机，撤销救济方案会进一步增加企业破产和坏账风险。

安全风险

乌克兰局势升级导致区域安全形势紧张；示威游行导致的警民冲突此起彼伏，恐怖袭击时有抬头，安全形势存在隐忧。

旅行风险

尽管欧洲各国在积极探索疫情下跨区、跨国、跨洲的健康/疫苗通行的政策，但反复封城和多重旅行限制，叠加治安环境隐忧，出行风险仍维持较高水平。

卫生风险

疫苗供应不足、接种率低等问题仍然突出，部分国家医疗卫生系统依然堪忧。疫苗护照和夏季开放计划难言乐观，欧洲卫生风险严峻。疫情较为严重的国家主要有法国、意大利、西班牙、德国、波兰、捷克、荷兰、罗马尼亚。

五、美洲

综合风险

新冠疫苗接种率提升似乎有利于刺激美国经济复苏，但内部党争不断、民粹主义高涨及多边政策调整等，导致美国政策变化不确定性持续增加。拉美大国疫情暴发继续挑战区域的政治和经济稳定性；疫苗接种未达规模，社会经济生活恢复正常尚需时日。部分国家强力救助计划导致政府支出和债务水平飙升，拉美国家政府治理风险进一步增加。

政治风险

大国博弈形势复杂多变，对地区和全球产生较大影响。全面竞争性对抗导致美国政治风险进一步上升，加拿大、拉美国家政治风险亦因此有所增加。

经济风险

新冠疫苗接种率提升有利于刺激美国经济复苏，但巨额刺激措施持续推高财政赤字，国家债务令人担忧。拉美国家受累于疫情防控与自救计划，飙升的政府支出和债务水平导致主权债务违约风险加剧，并将长期拖累产业链、供应链，经济复苏风险持续累积。

营商风险

北美地区营商环境整体有所好转，但针对性的国家安全审查与极端主义、种族主义威胁以及复杂的劳资冲突令人却步。拉美国家受困于高失业率、基础设施薄弱、行政效率低下等突出问题，营商环境面临进一步恶化的险境。

安全风险

针对性的种族歧视与恐怖主义时有发生，美国安全局势堪忧。部分拉美国家则因政局动荡、经济问题而面临更严峻的社会治安局面。

旅行风险

疫情问题与政治对抗等多种因素叠加，使旅行风险增至前所未有的高水平。

卫生风险

疫情风险持续居高，美国医疗卫生系统负重运行。部分拉美国家经历多次疫情冲击，公共卫生形势加速恶化。

2.2 2021中国企业“走出去”全球供应链风险

新冠肺炎疫情全球反复暴发，严重冲击了全球供应链网络；地缘政治变局与国际经贸规则争端，多维度挑战了全球供应链的既有格局；中美经贸摩擦不断，深度影响全球供应链调整的力度。泛国家安全化的政治干预进一步扭曲了供应链自我调节的机制，影响全球供应链的因素空前复杂。

面对贸易保护主义与疫情阻隔的持续挑战，全球供应链网络运行效率显著降低，但区域化、本地化、多元化调整的预期变得强烈。中国企业“走出去”所面临的政治、经济、合规、物流、人员及供应链风险显著增加。

政治风险

大国博弈必然加剧产业链的安全风险，对供应链的调整会产生连锁反应，部分国家的供应链出现被迫中断的风险。疫情刺激了民族主义快速抬头，美国、欧盟、澳大利亚等国政府已经采取专项补贴、针对性立法和更为严苛的外资国家安全审查等多种措施，促使供应链回流。疫情还诱发了基于公共卫生政策的多项制裁与临时出口管制，部分行业的供应链被迫休克或受到严重影响。

经济风险

多国采取强力救市计划与封城防疫措施，但反复停工、停产及需求萎缩，增加了生产和服务类企业的破产风险，供应链风险随之累积，区域性调整被迫加速。

合规风险

供应链数字化使得网络安全与知识产权的风险持续增加，导致企业将面临政府法规多变、合规监管趋紧的长期威胁。

物流风险

供应链安全受到疫情封闭措施的空前威胁，疫情迟滞了海运、空运等主流跨境运输方式，货物交付周期大幅延长、企业运营成本持续攀升。

人员风险

疫情进一步加剧了区域性劳动力短缺和不平衡，人员流动限制与人员安全风险拖累了全球供应链网络的运行效率。

2.3　2021 中国企业“走出去”全球公共卫生风险

新冠肺炎疫情全球大流行进入第二年，正处于防控的关键阶段。在当前以及将来相当长时期内，新冠肺炎疫情仍将是威胁全球经济复苏的核心根源。新冠病毒的高传染性、强变异性致使疫情反复暴发并持续蔓延。疫苗分配公平性问题突出，接种率远未形成群体免疫屏障，医疗系统持续超负荷运行，疫情引发的衍生安全风险，以及传统的流行疫情对不同区域的威胁不减，共同构成了 2021 年全球公共卫生主要风险源。

新冠肺炎疫情风险

疫情反复暴发导致边境封锁及跨境交通中断，疫情高发国家本地就医与医疗转运极为困难，交叉感染、被迫滞留与无法就医的风险仍然突出。

病毒溯源难、传染性强、变异强、反复暴发等特性凸显。欠发达国家和地区的基础卫生条件短期改善无望，医疗系统持续超负荷运行，严重威胁人类卫生健康共同体的前景。印度等国疫情严重，呼吸机、氧气瓶等基础治疗设备严重短缺，医院收治能力严重不足，防控手段和措施不力导致外溢风险显著增加，进一步加剧了疫苗供应及区域联防联控的难度。

全球疫苗研发、生产、分配的国际协调能力不足，个别发达国家超量囤积加剧了疫苗分配不均，与全球疫苗短缺形成鲜明对比。公众对疫苗接种的有效性和必要性的认知有待提升，全球疫苗接种率极低，远未形成群体免疫屏障。“一带一路”国家和地区的公共卫生风险突出，中国企业和公民虽然可以参加“春苗行动”，但疫情防控不可掉以轻心。

值得注意的是，全球疫情的持续、蔓延已引发了较明显的公共安全衍生风险。部分国家发生的排外事件、失业率上升、民粹主义思潮抬头等导致社会治安形势恶化和安全风险增加。需要重点关注的国家包括：美国、英国、澳大利亚、加拿大、德国、意大利。

区域流行疫情风险

传统的区域流行疫情风险仍不容忽视。地区性高致死率的传染病主要包括：登革热、疟疾、霍乱、埃博拉、麻疹、黄热病等。

① 登革热：东南亚地区的菲律宾、泰国、越南、柬埔寨、斯里兰卡等国为高发，拉美地区的巴西、玻利维亚、洪都拉斯、墨西哥、阿根廷等国多发，澳大利亚多发。

② 疟疾：安哥拉、马达加斯加、印度尼西亚、津巴布韦多发。

③ 霍乱：也门、埃塞俄比亚、莫桑比克、喀麦隆、肯尼亚多发。

④ 黄热病：埃塞俄比亚、尼日利亚、南苏丹多发。

⑤ 鼠疫：越南、缅甸、马达加斯加、巴西、秘鲁、蒙古国多发。

基础卫生保障风险

受战乱、经济落后、气候环境恶劣等影响，加之较低的公共卫生意识、洁净饮食供应与有效医疗资源严重不足，面对疫情反复暴发的困境，不发达国家的公共医疗系统和社会韧性受到极大的挑战，公共卫生风险将持续维持较高水平。

2.4　2021 中国公民“走出去”新冠肺炎疫情安全风险指引

突如其来的全球新冠肺炎疫情在可预见的将来仍将呈现反复、多发态势，给目前在海外学习、工作、旅行和生活的中国公民以及即将前往海外的中国公民，带来了前所未有的风险挑战。为防控风险和安全起见，我们建议：

一、充分理解并认识到全球疫情防控常态化的严重性，严格遵守当地防疫规定和要求，认真做好个人日常防护和必要的核酸检测，主动接种疫苗，积极参加“春苗计划”。

二、持续关注所在国居留签证政策调整，及时与中国驻所在国使领馆联络，办理相关手续，确保在当地合法居留和工作。

三、密切关注中国驻外使领馆发布的当地疫情和社会治安预警，提高安全防范意识。遭遇排外暴力行为时，尽量避免冲突，并及时报警，保护人身和财产安全。发生侵权、执法等不公正对待时，采取合法手段，理性维权；必要时，联系中国驻所在国使领馆寻求领事保护或联系当地司法、法律咨询机构寻求帮助。

四、加强日常健康管理，妥善处理自身疾病的治疗。主动参与专业机构组织的线上线下医疗问诊咨询活动，保持疫情下个人心理健康。

五、出入境前，要及时了解国内和国外疫情防控政策和口岸通关流程，备好防疫检测证明、身份证明和应急费用；做好防疫政策临时调整、航班变更或取消导致滞留等突发事件的心理准备和应对措施。

第 3 部分

2021 中国企业“走出去”风险发布网络大会演讲

3.1　疫情时代对外投资合作与风险挑战

非常荣幸有机会来到这么专业的论坛学习和交流，刚刚看到风险发布会已经举办了六届，我是第一次参加。看到这么多的专业人士来讨论全球的政治风险、公共卫生风险，确实让我眼前一亮，由于时间关系我就不再谈很多体会了，我想简单地报告一下我们的体会。这些年来我们有一个研究团队——中国出口信用保险公司，也是专门经营海外风险的保险公司，我们也特别关注全球风险。在这里我想给大家简单报告一下三个方面的体会。

我们讨论全球的风险或者全球的国家风险和海外经营的风险，一定会讨论它的驱动因素是什么，近一两年来大家看到关键的变量是疫情，其实疫情这个冲击对全球风险的变化虽然有影响，但是更主要的全球风险的影响因素、全球风险的驱动因素是中、美、俄大国博弈。

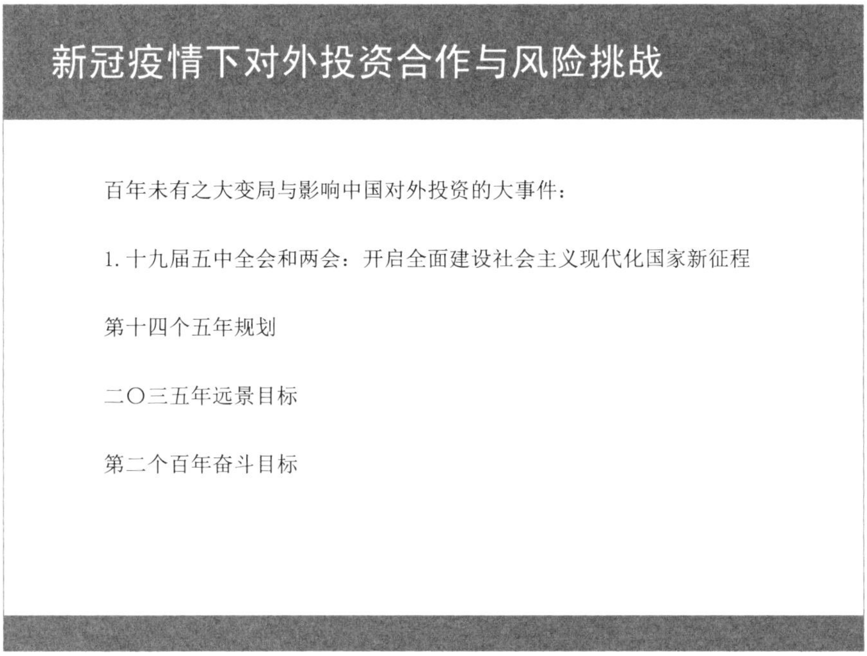

我想给大家报告最近一段时间的几个大事件，以及从更长的时间框架来看，全球风险的变化趋势。

第一个事件是年初的“两会”以及去年党的十九届五中全会，中国开启了全面建设现代化国家的新征程，而且规划了到 2035 年基本建成现代化强国，到本世纪中叶 2050 年要建成富强、民主的现代化强国的目标。在未来到 2050 年这一段时间，中国要有三个重大的历史任务去完成：

第一大历史任务就是我们的经济增长和人均收入要达到中等发达国家的水平。我们有一个预测，到 2035 年中国人均 GDP 应该是 3. 2 万美元，到 2050 年可能达到更高的水平。我们是 14 亿人口的大国，人均 GDP3. 2 万美元将对全球的经济增长推动作用更大。

第二大历史任务就是祖国的统一。

第三大历史任务就是开放，更大范围、更深程度的开放。我想这个对于我们从事企业“走出去”，国际化经营意义更大，我觉得中国企业“走出去”风险发布会和江泰这个全球性的论坛抓住了未来的大的趋势，捕捉到了大的国际开放趋势。

第二个事件是 RCEP（区域全面经济伙伴关系协定），如果 RCEP 签署成功，将是目前全球范围内涵盖人口最多，也是开放程度非常高的自贸区协定。我看了它的一些条文：在 10 年之内，我们可能免除关税达到 90%，加入协定之后，新加坡立即对我们实行百分之百的零关税，这个对我们“走出去”的企业，特别是在东盟这一带进行海外经营投资的企业可能是一个福音。更重要的是在 RCEP 下，中国、日本、韩国达成了自由贸易协定，这对于东亚经济、东盟经济的发展也具有非常重大的意义。

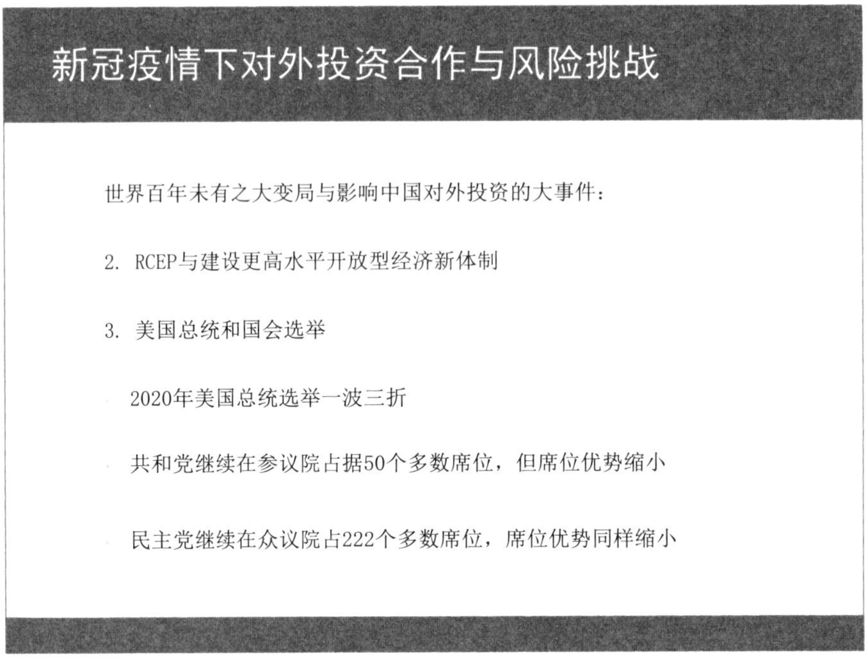

第三个事件是美国总统选举，虽然过去有一段时间了，但是它作为全球第一大经济体，它对全球风险的影响是非常长远的，这次美国大选跟往年大选不太一样，这次看到了更多的两党纷争，民粹主义的表现更加突出。《纽约时报》专栏作家弗里德曼认为这次美国大选只有一个失败者就是美国，虽然我们认为美国有自我修复能力，但是这一次

仍然显出了大家所看到的美国社会纷争、深层次的矛盾，等等。

大家可能关心这些大事件驱动的国家风险会带来一些什么样的影响？特别是中美两个大国未来的关系，乃至对全球风险的影响会是什么样？我们看到很多这方面的权威专家在讨论这样的问题，比如说美国基辛格博士多次警告中美的战争风险。

最近我看到一本流传很广的书叫《2034 年》，是美国退役海军上将斯塔夫里迪斯与人合写的一部小说。这个小说里面描写了中美之间战争冲突的几个点。这是小说，小说的作者是美国退役四星上将，这表明美国有一股势力正在鼓动极端的反华和这种战争。

我们也看到一些这样的观点，比如美国国务卿布林肯强调该合作的时候还要合作，美国国家安全助理苏利文强调中美之间的合作竞争的问题。中国外交部前副部长傅莹女士也强调合作共赢、合作竞争的中美关系。虽然一部分人非常悲观地看到中美之间可能更多的是竞争，乃至战争；但是官方的一些负责人、一些爱好和平的学者、一些人士还是主张中美之间是合作和竞争关系。我的观点还是希望中美之间能有一个合作共赢的关系。就像习近平主席说的两国之间不冲突、不对抗，共同合作推动全球经济增长和全人类的和平事业，我觉得这是我们最希望看到的。

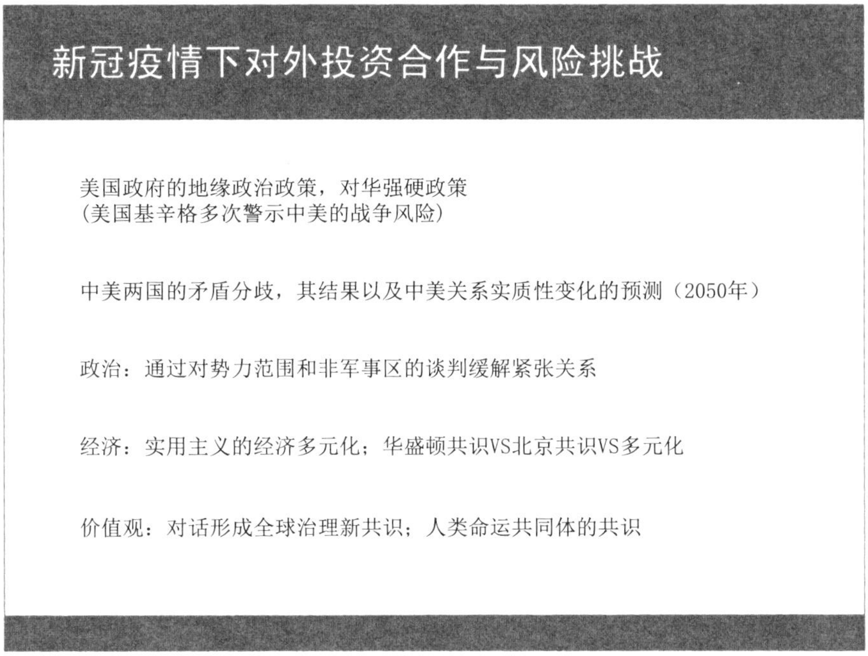

当然，中美关系怎么演变，中美关系未来怎么变化都将深刻地影响着全球的国家风险，因为很多国家的经营风险、企业面临的很多困难都与中美之间关系的变化有关，甚至我们刚刚看到澳大利亚专家发布的南太的版图，重要的原因就是“选边站”的问题，选择中国还是美国，这是对全球经济发展影响特别长远的变量。

新冠疫情下对外投资合作与风险挑战

世界大变局加速演变的特征更趋明显（世界百年未有之大变局）

美国著名国家风险研究专家伊恩·布雷默新近撰文指出，世界开始进入地缘政治衰退期，美国主导的国际秩序或正在终结。但中美关系可以是竞争共存的关系。

斯坦福大学教授戴蒙德认为，相当多的美国人开始怀疑自己的未来、怀疑美国的未来，也不相信美国所谓精英阶层的领导能力。美国社会的疑虑感、焦虑感上升，开始变得更加“内顾”，更加好斗。

无论怎样，美国著名的国家风险研究方面的专家布雷默也强调，虽然现在全球的国家风险的主要特征是美国处于地缘政治的衰退期，这是美国专家自己说的，美国主导的国际秩序或将逐步终结，但是中美关系仍然可以是竞争共存的关系。所以我想这是一个我们非常乐见的观点。

当前全球国家风险形势的六个主要特征

疫情导致全球公共卫生危机

全球经济复苏不平衡不确定

气候变化加剧自然灾害

债务风险加速恶化

地缘政治风险持续走高

社会安全风险，恐怖主义风险

我想给大家报告的第二个主题，就是希望大家关注的全球风险六个方面的风险特征。

新冠肺炎疫情导致全球公共卫生危机

- 世界卫生组织在2020年3月11日宣布新冠病毒的扩散为全球大流行。
- 2020年下半年以来，新冠肺炎感染人数从百万级飙升到亿级。截至北京时间2021年5月24日，全球已有超过200个国家和地区发现确诊病例，超过1.66亿人感染，死亡人数超过345万。
- 印度每日新增确诊病例最多，但是阿根廷、哥伦比亚、智利等南美国家感染率更高。
- 疫苗产能存在缺口，在生产、存储、运输环节的高要求以及部分发达国家的“疫苗民族主义”制约疫苗的推广进度。

第一个风险，全球公共卫生危机和新冠肺炎病毒扩散的情况。从最新数据来看，目前全球已接近 2 亿人感染了新冠肺炎病毒，而且死亡人数已接近 400 万，达 389 万了。在去年的这个时候，你肯定很难想象全球会有将近 400 万人死于这个病毒。现在美国已经死亡 60 万人了，公共卫生设施这么发达、医疗水平这么高的一个国家，死亡 60 多万人，难以想象！

海外新冠肺炎疫情形势依然严峻

- 疫情防控措施在松紧之间不断摇摆，是全球新冠肺炎疫情无法获得有效控制的重要原因之一。
- 欧洲和北美洲疫情较2021年第一季度有所缓和，亚洲疫情形势主要受印度疫情影响，近期有所缓和；但是南美洲新增病例持续攀升。海外疫情形势依然较为严峻。

据美国有线电视新闻网（CNN）等媒体报道，印度、墨西哥、巴西很多地方，甚至非洲一些国家实际的感染人数和死亡人数要远远超过现在霍普金斯大学和世界卫生组织公布的数据。可见这个疫情对全球企业经营、产业链，乃至人们的生活都会产生非常大的影响。比如美国布鲁斯金学会主席、前美国海军陆战队上将约翰·艾伦就说新冠肺炎历史将会由胜利者书写，新冠肺炎对各个国家产生不同的冲击和影响，像中国疫情控制比较好、经济恢复比较好的国家，遭受的损失就会很小，而且在未来的竞争中就会处于优势的地位；而像美国现在仍在艰难地应对疫情。所以这个疫情是非常突出的风险。

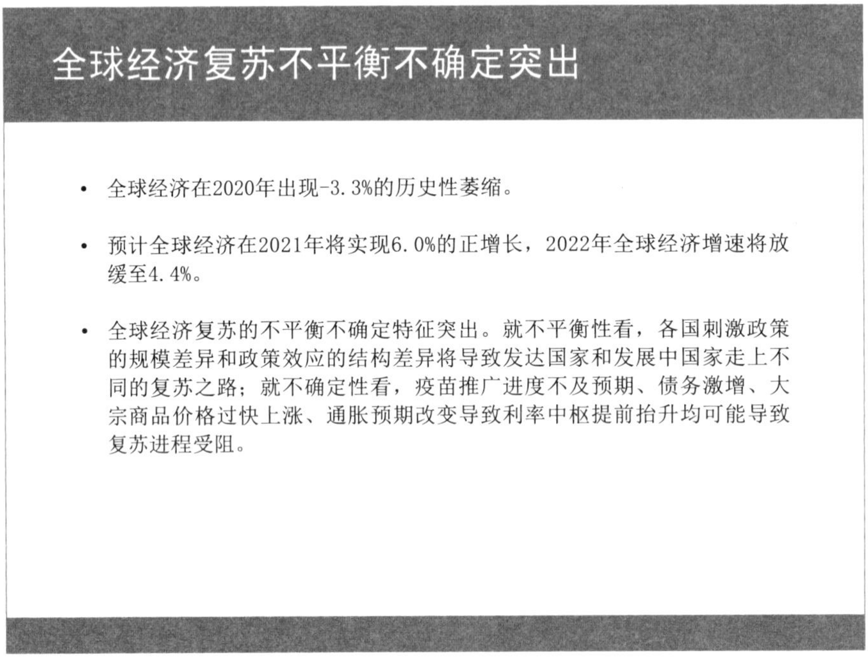

第二个风险，全球经济复苏和不平衡不确定性的状态非常突出。2020 年全球经济增速为-3.3%，预计 2021 年全球经济增长 6.0%左右，大家可以看到，增长非常重要的特征是不平衡性特别突出。一个表现是中国经济恢复得比较好，现在世界银行和货币基金组织都预测中国 2021 年的经济增速会在 8.4%～8.6%，而世界银行和货币基金组织对美国经济增长也非常乐观，给出了 6.2%～6.4%这样的经济增长预测；而其他一些新兴经济体，比如拉美、非洲等地由于受疫情及能源价格等因素的影响，经济恢复就慢一点，原来预计印度经济增长 2021 年会达到 12%左右，但由于近期疫情的影响，可能预期没有那么乐观，所以经济增长不平衡、不确定的特征非常突出。

全球贸易复苏前景有所改善

- 世贸组织（WTO）3月31日数据显示，全球货物贸易量在2020年萎缩5.3%。预计2021年全球货物贸易量将增长8.0%，2022年增速放缓至4%，贸易复苏前景较前次预测有所改善。
- WTO同时警告，全球疫情仍将继续存在，贸易复苏前景虽有所改善，但仍低于趋势值。
- 短期来看，疫情是全球贸易的主要风险因素；中长期来看，公共债务和赤字将影响经济和贸易增速，负债水平较高的发展中国家将深受影响。

全球投资可持续复苏面临风险

- 2020年，全球外国直接投资流量骤降，从2019年的1.5万亿美元下降至8 590亿美元，降幅达42%。
- 发达经济体外国直接投资流量降至2 290亿美元，降幅达69%；发展中经济体外国直接投资流量降至6 160亿美元，下降12%。流向中国的外国直接投资在疫情初期急剧下降，但全年仍增长4%。
- 展望未来，国际投资公告数据好坏参半，说明2021年全球外国直接投资下行压力仍将持续。

从贸易数据来看，3 月 31 日 WTO 发布数据，2020 年全球货物贸易量萎缩了 5.3%，2021 年将增长 8%，短期来看，主要因素是疫情，最近两天广州港的拥堵对全球商品价格都会产生很大的影响；中长期来看，影响全球贸易的主要因素是公共债务和贸易赤字。2020 年全球投资量萎缩非常严重，降幅达到 42%，2021 年全球外商投资的下行压力仍将持续。

全球性的失业危机、收入不平等加剧

- 新冠肺炎疫情对就业市场和居民生活造成较大影响。
- 数据显示，疫情引起的封锁措施导致全球招聘职位数量大幅减少，基准情景下全球招聘职位数量下降约10%，悲观情景下可能导致招聘职位数量下降20%左右。
- 同时，疫情封锁措施对不同人群影响有明显差异，对女性影响要明显高于男性。

对全球企业和公民影响比较大的因素是贸易增长的下行，导致全球的失业危机、收入不平等加剧。联合国粮农组织多次警告，收入不稳定将导致全球陷入饥荒、饥饿状态，等等。

第三个风险，极端天气增多推高全球风险水平。2020 年可能大家都在关注疫情，较少关注比如说亚马孙森林的火灾、非洲的蝗灾，还有地震等。根据最新的数据，2020 年全球自然灾害损失达到了 2 100 亿美元，较 2019 年上升了 27% 左右。

极端天气增多推高全球风险水平

2020年全球洪灾、火灾、蝗灾、地震灾害和极端天气频发，但各国普遍动用主要资源应对新冠肺炎疫情，对其他自然灾害的关注度和应对能力受限。

因此，疫情以外的自然灾害成为全球面临的又一重大风险点，并在非洲、中东、南亚等区域引发人道主义危机，加剧政治和社会不稳定性，显著推高全球风险水平。联合国粮农组织警告可能的大饥荒。

根据慕尼黑再保险数据，2020年全球自然灾害损失达2 100亿美元，较2019年上升26.5%。

第四个风险，债务危机可能诱发新一轮的经济危机或者是金融危机，或者是债务危机。据国际货币基金组织（IMF）统计，2020年全球有101个国家放松财政政策，由于财政放水，使得大家看到全球的债务规模预计现在会达到289万亿美元，2021年的数字会突破300万亿美元，是全球GDP的数倍，这里所说的债务包括全球政府债务、企业债务和私人债务。

债务积累可能诱发新一轮债务危机

- 根据国际货币基金组织（IMF）统计，2020年全球共有101个国家放松财政政策，财政刺激规模达14万亿美元。
- 全球政府债务规模占GDP的比重在2020年末上升至97.6%，同比上升14.1个百分点。
- 发达经济体、新兴市场和发展中经济体政府债务规模均大幅攀升，且发达经济体债务规模上升速度更快。2020年末，发达经济体政府债务占GDP比重达124.2%，同比上升19.9个百分点；新兴市场和发展中经济体政府债务占GDP比重达60.8%，同比上升8.7个百分点。

发展中国家债务风险显著上升

- 新冠肺炎疫情影响下，新兴市场和发展中国家外债规模和债务偿付压力显著上升。IMF预计，发展中国家外债总额占GDP的比重在2020年上升至138.5%，同比上升22个百分点。
- 2021年，许多国家或许不会维持宽松的财政政策，全球财政政策可能转向。
- IMF总裁格奥尔基耶娃近期表示，收紧银根将导致资本从新兴经济体大规模外流，对外部融资需求大、债务水平较高的新兴经济体产生较大冲击，世界应为可能的新兴经济体债务危机做好准备。

这种债务引发的债务风险、债务危机非常突出，现在好多项目进行不下去，主要是由于东道国发生了所谓的债务重组事件，我们已经捕捉到了 11 个国家发生债务重组。

地缘政治风险显著上升

- 全球地缘政治风险指数在2020年初达到370.4的历史最高位。
- 疫情对各国的冲击具有明显的不对称性，体现了各国治理体系和治理能力的差异，导致部分国家国内政治稳定性下降，部分地区的政治纷争和边境冲突层出不穷。

第五个风险，地缘政治风险显著上升。在新发布的风险地图里面也有很多这样的风险事件，比如缅甸、埃塞俄比亚、印度，地图都是红颜色的，这个跟我们的判断和捕捉的事件是一致的。最近一两年全球地缘政治风险事件不断发生，这是大国博弈导致的大国周边形成的破碎地带，进而加剧全球的政治风险，给企业的经营和海外投资带来非常大的政治风险，这是全球政治风险特别重要的特征。

社会冲突和暴力恐怖活动加剧安全挑战

- 疫情冲击下各种矛盾集中爆发，为恐怖势力活动蔓延提供了广阔的社会基础
- 中东地区教派纷争和大国博弈相互掺杂
- 欧洲地区民粹主义和宗教极端势力严重对立
- 非洲恐怖势力扩张、民生危机、武装冲突相互叠加

第六个风险，社会冲突和暴力恐怖加剧的安全挑战。包括人员安全、企业的财产损失。道达尔公司刚刚宣布他们将暂停在莫桑比克石油区块的开发，为什么停止开发？因为“伊斯兰国莫桑比克的分支”在那里进行恐怖活动，导致企业的石油开采活动难以持续。

以上就是我想给大家简单报告的、希望大家关注上述六类全球风险事件。

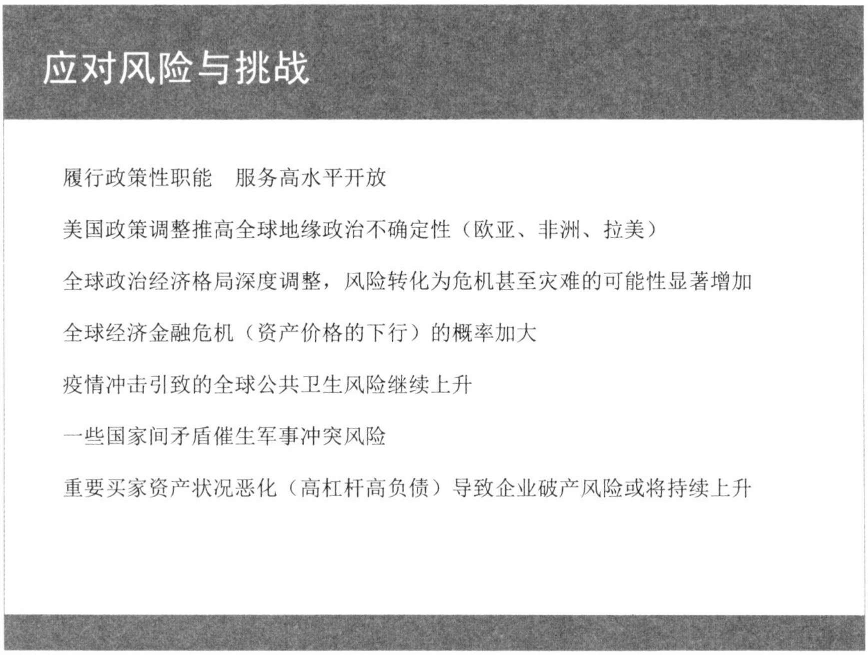

最后做一点结论和给大家分享一些建议，希望大家在海外经营过程中、海外投资过程中能够行得稳、走得远，同时希望大家关注我刚才说的六类政策风险。哪些地方政治风险比较高？非洲、拉美，还有最新的欧亚区域。接下来希望大家关注疫情这个公共卫生事件，特别提醒大家关注全球经济变量的变化，包括风险、利率等风险变量的变化，导致全球风险转化为危机甚至灾难的可能性。接下来希望大家关注一些国家间的矛盾催生的军事冲突风险；第五个是希望大家关注全球是不是会发生经济危机；第六个是希望大家关注海外的合作伙伴买方资产状况恶化的情况。

这是我给大家简单报告的三个方面的内容，由于时间关系，说得比较快，不恰当的地方希望大家批评指正，这仅代表我个人的观点，不代表机构的观点，谢谢大家！

演讲人：王稳（中国出口信用保险公司首席经济学家）

3.2 高质量参与区域合作，积极识别、规避全球供应链风险

非常高兴今天有机会跟大家讨论区域合作、全球化、全球供应链的问题。我们讲全球供应链、全球价值链、产业链，其实这些提法，这些概念本身讲的内容都是一回事，但是由于在不同学术文献的基础上，它流传的脉络不太一样，因此在不同的学科里面，它研究的角度不太一样，所以有这样的一个区分，尽管题目写的是全球供应链。

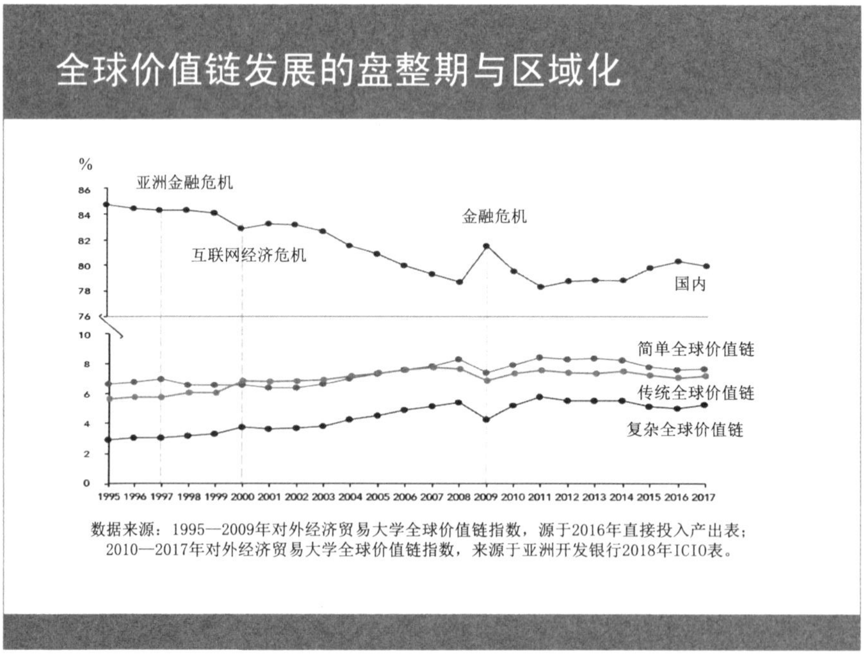

在这里我简单给大家讲一下全球价值链的发展，我和王稳老师都是对外经贸大学的老师，他现在离开保险学院的院长职位，到信保工作，但实际上还是我们学校的博士生导师。我们学校在全球价值链、风险控制方面也有一些专门的研究机构，我们成立了全球价值链研究院，这个研究院每两年做一个全球价值链的报告。

这个报告里面梳理了全球价值链形态的变化，其中提到一个重要的观点，就是全球价值链，或者说全球化的发展实际上在 2008 年金融危机以后，已经进入了盘整期，这个盘整期是一个比较好听的说法，因为盘整一段时间之后可能会上升，我们是希望它后面还会往上走的，但是确实在 2008 年之后相关的指标就已经停滞不前了。这个图下面的三条线是国际贸易、全球价值链、中间产品贸易，反映国际交易的指标，最上面的线是反映国内交易的指标。下面这三条线，反映全球价值链的指标在 2008 年金融危机之前都是趋势性往上升的，到了金融危机往下走，然后反弹，但是反弹完了以后，至今实

际上没有超过之前的高点。

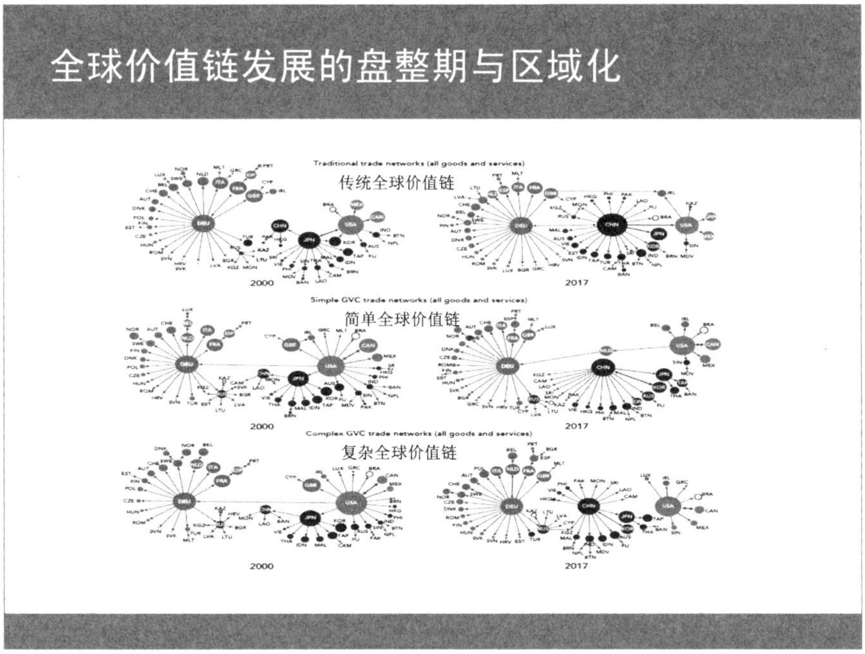

现今出现很多新的危机、新的风险，其实在 2008 年以后就已经开始在累积了。全球价值链有很多指标反映全球化的进程，在 2008 年之后就处于一个相对停滞和盘整的状态，与此同时，全球价值链形态出现了区域化的特征。那就是我们越来越多的生产，它实际上不是围绕全球的价值链体系的生产，而是越来越多地形成区域价值链，这是瑞士的经济学家鲍德温提出的概念。在 21 世纪初的时候提出区域价值链主要是三区域、四中心，即美洲价值链、欧洲价值链和亚洲价值链，美洲以美国为中心，欧洲以德国为中心，亚洲在 21 世纪初的时候是中国和日本双中心。但是发展到今天，各种指标我们再来看的话，已经是非常明显的三区域、三中心。在亚洲这个区域典型的是以中国为中心的价值链体系。

比如 RCEP（区域全面经济伙伴关系协定）的 15 个成员，有日本、韩国、东盟，等等，中国在这个协定中 GDP 占比超过一半以上，所以整个的亚洲工厂的价值链体系中，中国是居于中心地位的。

其实对中国经济来说，很多的指标在 2006 年到 2008 年这一段时间里已经开始发生趋势性的变化。比如有一个标志性的指标是中国的外贸依存度，或者叫出口依存度，即出口÷GDP 这个指标，如果按照全球来算的话，全球的出口和全球 GDP 比值，跟全球价值链指标的变化是一样的：2008 年以前是趋势性上升，2008 年趋势性下降，然后反弹，但没有超过之前的高点。现在全球出口的依存度指标是从 2008 年的大概在 25% 下降到目前的不到 22%，是比以前要低的，这也反映出全球化停滞的状态。而中

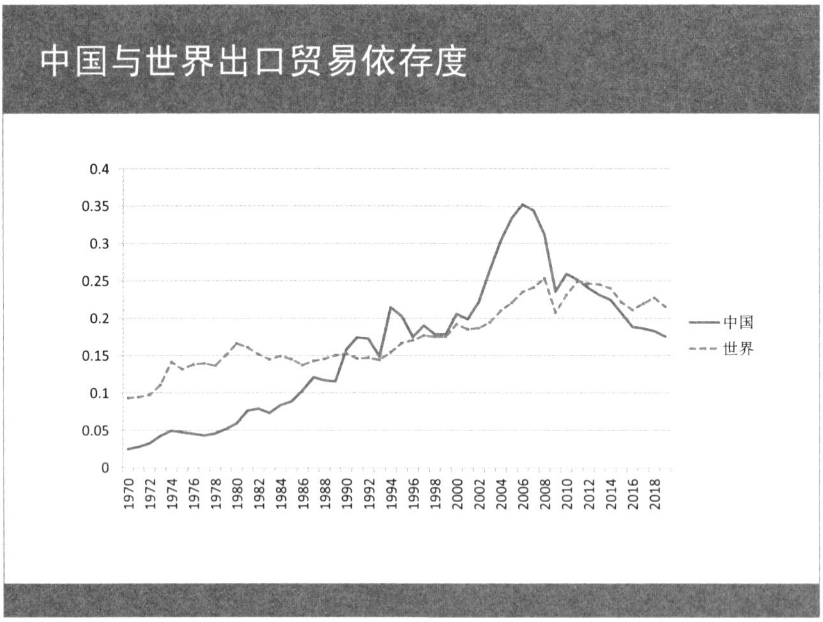

国的出口跟 GDP 的比值下降的幅度更加明显，中国出口÷GDP 的比值高点是发生在 2006 年，2006 年以后是趋势性地下降，现在这个指标已经从当时最高点的 35% 左右，下跌到了 17%。这里面反映出什么问题？当一个国家的体量越来越大的时候，国内市场规模越来越大，出口跟 GDP 的比值是会趋势性下降的。其实美国应该是世界上相对来说比较开放的国家，它的指标比中国还要低很多，不到 10%，也就百分之八九的样子。

双循环战略

美国的三重战略：制造业回归、近岸外包和“去中国化”

中国的双循环战略以国内大循环为主体、自贸区战略、支持以WTO为核心的多边贸易体制随着中国经济体量进一步扩大，这个指标还要下降，这个指标的下降其实反映的根本一点就是中国的国内市场规模越来越大，国内市场的重要性越来越大，这也就是为什么在“双循环”中要讲以国内大循环为主体。从这个角度来看的话，以国内大循环为主体，它并不是一个权宜之计。因为它反映了中国经济发展根本的方向性特征，我们人口多的特点以前主要体现为劳动力便宜，这个优势已经越来越不存在，今后是越来越多地体现为国内市场规模大，国内市场规模大会成为中国今后在国际竞争中非常重要的优势来源。这一点是趋势性的，它不是权宜之计，是符合中国竞争优势的发展方向。

在这样的背景下，我们看2008年世贸组织多哈回合谈判停滞，多边谈判没有取得重大进展，只有一个贸易便利化的成果，世贸组织成立20多年，基本上没有取得重要的谈判成果。在2008年谈判停滞背景下，美国总统奥巴马上台以后，他推出了区域战略，就是搞区域性的机构。从奥巴马时期，即2008年开始，美国就提出制造业回归问题。制造业的回归并不是在特朗普政府开始的，在奥巴马政府期间就已经推出了一系列的举措。但是这种制造业回归在过去的一些年中并没有取得很好的效果。退而求其次，美国又提出离岸回归，在这种情况下他们提出另外一个努力的方向，叫近岸外包，近岸外包不一定要将投资拉回到美国，北美自由贸易区和美墨加协议里面很多条款实际上反映出来它可以将投资拉回到美国周边，比如巴西，墨西哥、哥伦比亚也想分一杯羹，近岸外包因应了当前区域全球化的特征，更加巩固以美国为中心的区域价值链。在这个过程中，尤其是特朗普当政以后的这段时间，当觉得近岸外包不能完全达到价值链竞争目的时又提出来，或者叫作中国边缘化，其实就是去中国化。这样的努力应该说到目前为止，没有取得明显的效果。但是在疫情之前的一年，即2019年，从量化指标来看确实取得了一些成绩，但疫情来了以后迅速恢复，就目前来看，从2008年以来整个时段，实际上是没有取得相应的进展。但是对中国供应链体系的完善来说，确实造成了一定压力。

美国这三重战略是由内而外的战略，从尽量将投资拉回美国本土，到一直往外延展的战略，因此在这种背景下，中国实际上也是相应地由内而外的三重战略。首先是以国内大循环为主体，这是稳住我们的价值链的根本点。在这个基础上，在2007年就已经开始推出自贸区战略，在这几年加速推进自贸区战略，中国自贸区战略基本的表述是以周边为基础，以“一带一路”为依托，面向全球建立高标准的自贸区网络。在这个里面强调以周边为基础，显然RCEP是一个最重要的基础，我们相信RCEP明年能够生效，尽管其他的协定，像《中欧投资协定》可能会有一些波折，在这个基础上中国实际上还提出了积极考虑加入CPTPP（全面与进步跨太平洋伙伴关系协定）。从去年开始，RCEP签署之后，中国提出积极考虑加入CPTPP，目前即将进入稳步推进阶段，我们其实并不知道什么时候中国能够加入进去，中国“入世”谈判了15年，中国要加入

CPTPP 的过程也会极其艰难，我们不知道多长时间能够加入进去，但是我们看到中国确实在积极推进。

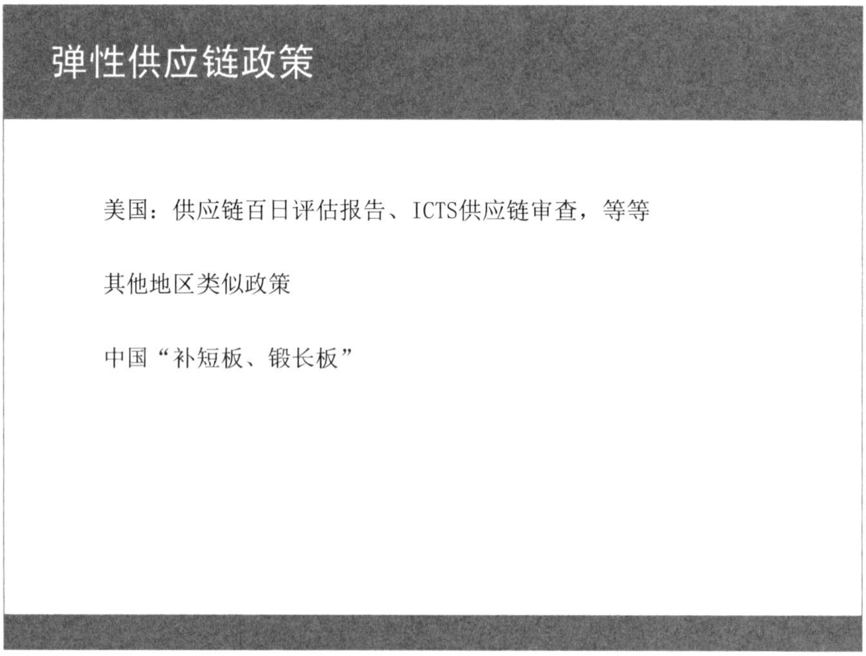

另一方面，从面向全球角度来说，我们依然坚定地支持以 WTO 为核心的多边贸易体系，尽管 WTO 目前处于危机状态，我们还是坚定地支持以 WTO 为核心的多边贸易体系。

在目前的情况下，我们确实面临很多的压力和风险，一个很重要的点就是在供应链问题上面，全世界各个地方都提出了弹性供应链政策，就是要使自己的供应链更加安全、更加有弹性，不被人家“卡脖子”。所以美国刚刚发布了《供应链百日评估报告》，对四个重要产品的供应链进行了评估，同时刚刚实施了信息通信技术与服务的供应链审查制度，并催生了很多相关的政策。其他地区，像日本、欧洲也在跟进，欧洲 5 月初又提出了对供应链安全进行审查的新的规则。

在全球都出现供应链稳健性的评估和推出相关政策的时候，确实在某些环节上存在脱钩的风险。我们设想可能全球总的生产体系不一定会出现脱钩，但是在一些关键技术、基础技术或者是一些敏感领域，存在形成两个不同的标准体系、两个不同的生态体系的可能性。对中国来讲，我们提“补短板、锻长板”，其根本的要求也是为了保证我们供应链的安全。但是补短板、锻长板要辩证理解，最详细的解读大家可以看习近平总书记去年和今年就“双循环”战略新发展阶段在《求是》杂志上发表的两篇文章。其中今年发表的这篇文章提出要对“双循环”战略排除几个误解。不能只看前半句不看后半句，或者只看后半句不看前半句，包括我们的补短板、锻长板，并不是要把我们所有的短板、所有没有优势的领域硬撑成长板，如果那样的话，可能会使一些比较优势不能充分发挥出来，降低整个经济效率，这样反而是最大的不安全。不管是“双循环”战略还是“补短板、锻长板”的战略，我们都要辩证地、灵活地来看待它。

既要依托我们的国内大市场，同时也要紧紧地抓住国际大市场。提到“一带一路”，我们讲有风险，我们不走出去没有风险，但是实际上不走出去才会有最大的风险，就是最后我们会困死在这个地方。我们的经济体量已经达到这样的程度，如果仅仅守住自己的一亩三分地，不能全球布局，整体的竞争力不能进一步提升的话，这是我们最大的风险。所以在风险控制方面，我们宁愿冒一些小的风险，也要避免在整个国际竞争态势中的大风险。

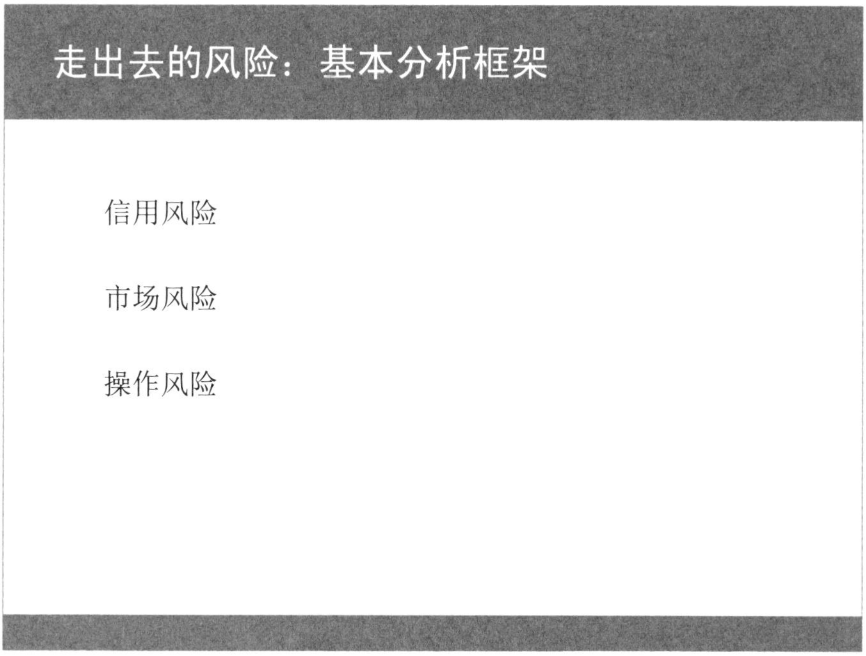

从具体的日常风险管理来说，我们可以列出很多很多的风险，这里我借用了《巴塞尔协议》里面的风险划分，《巴塞尔协议》里，每个风险下面分好几个不同的风险，每个不同的风险有不同的模型和不同的评级办法来进行量化的分析。

我们除了对基础的技术性风险要进行有效的管理之外，更重要的是我们要看到当前全球格局中的系统性风险，系统性风险包括三个层面：可能会出现政治、军事和社会的风险；可能会出现经济和金融系统的风险；可能会出现生态与卫生的风险。这三大风险目前在全球化发展到顶峰时期。在 20 世纪末的时候，英国的国际关系学家苏珊（音）

走出去的风险：系统分析

政治、军事与社会风险

经济与金融系统风险

生态与卫生风险

有一篇文章叫 West failure 体系（《西方失败体系》），他提出了当前的三大风险、三大危机，这三大危机一个是社会不平等的危机所产生的整个社会格局变化的大风险；一个是金融风险，在现在的西方体系下面，难以控制；第三个是生态风险。这三个风险，他认为在目前的西方体系下是很难控制住的，要有新的解决思路。我们仔细想想这三大风险是什么？实际上就是我们中国提出来的三大攻坚战所要解决的问题，三大攻坚战说明什么？说明这个问题、这些风险不仅是西方面临的，我们在发展中也面临这样的风险，但是我们提出了系统的解决方法，这是为什么我们国家在现有的全面提高我们的国家治理能力的情况下，来控制三大风险，在很大程度上是需要应用中国特色社会主义的制度性优势，才能真正地、很好地控制住这些风险。

在可能面临各种深度的系统性风险的情况下，我们提出几个建议：

1. 深度的国际化。在有些地方，国际化甚至要本土化到让人家看不出的程度，在疫情期间，新加坡这些地区成为我们很重要的新的出海口，RCEP 生效之后，实际上在东南亚这些地方，应该可以投入更多的资源，使其成为我们进一步走向世界的阶梯。

2. 加强对地缘政治以及区域与多边经贸规则的理解。尤其是大企业要有战略研究。

3. 建立合规管理体系、合规文化与合规战略。我们会面临国际上各种各样的法律和规则的冲突，需要在自己的业务流程中间一点一点地完善自我，尽可能控制这些风险，不一定规避，但是可以控制、管理。

建议

深度国际化

加强对地缘政治以及区域与多边经贸规则的理解

建立合规管理体系、合规文化与合规战略

充分运用各种风险管理工具

4. 充分运用各种风险管理工具，包括衍生工具、保险工具，把这些工具融入我们的管理体系中间。谢谢大家。

演讲人：崔凡（对外经济贸易大学海南研究院院长）

3.3 疫情演进中的全球区域安全风险趋势

感谢主办方的邀请，非常高兴有机会跟大家做这么一个分享。刚开始的时候主办方给我的题目是“疫情演进交织背景下的全球区域安全风险趋势”，后来我就加了“大国竞争”，但我刚才听到前面几位的分享，包括最开始发布的全球的各个区域、版块的风险趋势，加这个还是非常对的，都提到了这一点。我分享的重点必然会跟前面的有一些重复。

我们说趋势，也就是说你是升高了还是降低了，你要有一个分析工具，要有一个标准，你的基准是什么？这是我给大家分享的重点。

做一个评判研究它的标准，需要有一个常量、有一个变量。常量我列了两个：大国竞争、疫情演进。为什么说它是常量呢？首先从时间周期上来讲，它可能在相当长的一段时间内都会存在，变量就不一定存在这些问题。第二，它适应的范围，它不是适应于某一个具体国家，它是适应于全球每一个角落。第三，它不是适用一件事情，它可能适用于很多领域的事情，由于这些因素，我们把它列为常量。很显然大国竞争、疫情演进已经成为我们不可回避的两个长期存在的常量。尤其是大国竞争，可能之前我们还幻想中美关系回到一个舒适区，但是从目前的这种发展趋势看，已经回不去了。

变量，这是我列的去年发生的大家都比较熟悉的一些事件，如美国油管遭勒索事件、疫情、中东以及俄罗斯的纳卡冲突，每一个事件背后都有其复杂的原因，但是它离不开一些变量的影响，所以需要具体地分析。这就引出为什么说变量是更具体的，因为它需要具体地分析，可能不同的理论有不同的分析，我们自己的智库经常接受企业和政府的委托，做一些具体的某个区域或者国家的分析。我们在自己的工作积累当中，也分析了这么几个变量，这些变量由于跟以前的，或者刚刚大家分享的有一些重复，重复的地方我就不多讲了，我想给大家分享的是一些重点问题。

1. 政治安全的风险

尤其是目前很多重点国家、敏感地区的政治走向和党派的纷争就非常突出。我们经常跟外国人开一些线上的对话会，我经常跟他们分析的一个观点就是所谓的“民主制度”，就是你们有“民主的制度”，但是你有没有反应过来？其实你们所谓的“民主制度”已经成为全球不稳定的根源？

2. 经济安全的风险

咱们在座的各位都有很深的有关产业、经济政策研究功底，这个我不想多讲，但是我想提出来大家一定要关注新兴国家的汇率波动，如果我没有记错的话，应该是2014年到2015年巴西的汇率贬值达到80%，这对投资或者对产业来讲是一种毁灭性的打击。

还包括有些国家的财政风险、债务支出风险，关于经济安全的风险，我就重点想提出来这两点。

3. 意识形态的风险

现在意识形态的风险已经是我们在分析任何地区和国家局势的时候不得不考虑的很重要的变量。包括文化、宗教、社会制度、人权，等等。

4. 法律风险

大家可能更清楚一些，尤其是大的企业都有自己比较完备的风控体系，你们都会做各种风控。比如我们跟相关国家有没有投资保护方面的协定，各个国家对企业的资质是如何规定的，包括市场准入、劳工、税收、环保，等等，每个具体的国家都不一样，而且最近变动也比较大，比如关于安保公司的规定，有的国家就规定安保公司不能配枪，有的国家规定安保公司进入一个国家的比例必须是对方持股51%，等等，每个国家要求都不一样。

5. 非传统安全

非传统安全大家讲得也比较多了，前面的很多嘉宾都已经做了很具体的提示，所以我也不想重复。但是我想提到一点就是网络风险，这是伴随着全球高科技进程的演进而出现的一个我们不得不面临的越来越大的风险，这种风险的趋势是明显上升的。以上是我们提出的当前关于分析区域安全的变量。

有了这个标准，作为一个常量+变量的分析模型，具体来讲有哪些风险？我们的工作团队也做了一些总结。

1. 疫情失控风险

刚才每个人都讲了，因为经济背景，所以我们更多的是从产业链、供应链、价值链等分析的，但是我这里想强调的是疫情失控其实从政治角度看也是很大的风险。疫情失控使得不光是美国，包括印度以及很多国家，已经把它作为议程设置的重要工具，比如他自己无法控制疫情，自己的经济不能复苏，就要甩责，把责任都甩给中国，对他来讲是非常容易做到的事情，也是最容易蒙哄他人的事情。所以未来我们面对这种甩责、追责、转责风险是不可回避的。

2. 地区秩序的失衡

这个非常重要，刚才大家都讲到了一些事件，这些事件其实很多情况下就是一种在大国竞争的背景下产生的地区秩序的失衡，我们看到巴以冲突，看到这个行动的时候我们想一想根源在哪里？作为政治安全的分析，我首先想到的是它是地区秩序的失衡，怎么会失衡？根源在于美国特朗普政府提出了一些很激进的中东和平政策，比如他宣布美国承认耶路撒冷为以色列首都，等等，这一系列的政策导致了地区力量的失衡，这叫地区秩序的失衡。在印太地区也非常明显，现在美国从阿富汗撤军正在进行，计划是9月

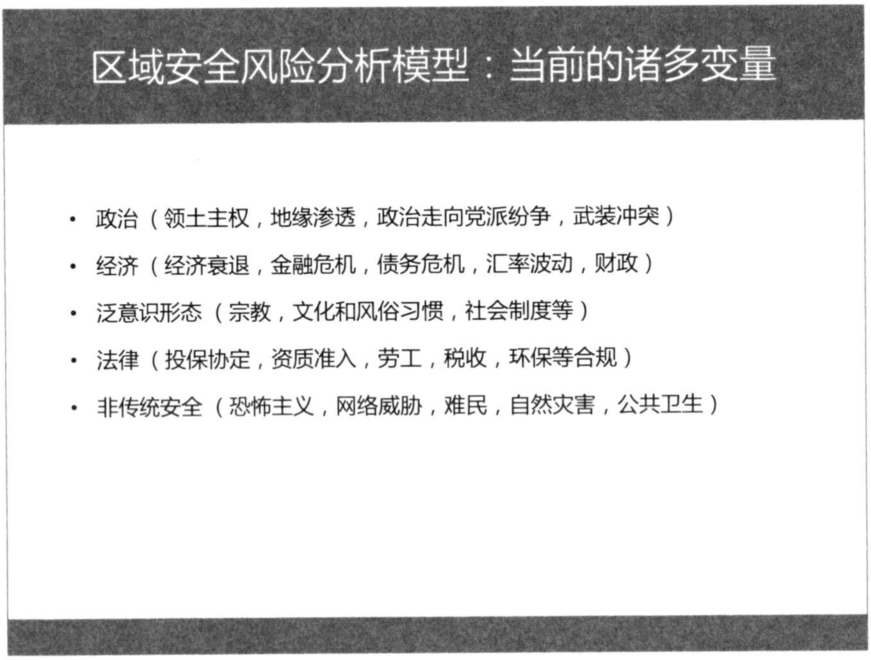

11 日之前完成，这个撤军实际上也是印太战略调整的组成部分，它必然会带来一些地区秩序的失衡、权力的真空，包括安全问题的外溢，这是我们需要关注的，包括它的一些机制。其实地区秩序的失衡从经济角度来讲，必然会影响到一些资源的重新分配，这是它跟我们产业链接的地方。

3. 意识形态斗争加剧

这个问题刚才我已经提到了，下面我举三个简单的例子，大家一看就明白了。第一个是《中欧投资协定》，先是欧盟借口所谓人权问题宣布对中方有关个人和实体实施单边制裁，接着，中方反制裁，这本来是我们中国一种自卫反击之举。但是我们前不久跟德国的一些智库交流，他们就认为我们太狠了，目前双方就纠结在那个地方，就看谁先迈出第一步。第二个是关于所谓强迫劳动，这是人权的话题，但是现在刚刚结束的 G7 的峰会大家都很清楚，被特朗普加入共同声明当中，已经成为重要的问题，必然会影响这个方向的产业链。再就是科技，不单单是华为 5G 的普遍性，包括其他领域都会受到影响，科技的“脱钩”，就是和所谓人权问题连在一起的。

4. 经济衰退

这个我不想多讲了，你们都是专家。

5. 网络安全风险

刚才我也提到了，其实大家可以看到有一种趋势，原来的网络安全风险主要表现为黑客窃取一些数据，现在已经变了，变成它会破坏你的一些基础设施，不管是美国油管公司还是 JBS 遭黑客攻击都是这样的。我们中国其实是一个制造业的大国，我们对互联网的依托、依赖也是非常深的，我们也有这些职能部门，但是我们现在的重点可能在意识形态领域管控网络风险做得多一些，但是其实在基础设施上，尤其是工业互联网保护方面，这是需要我们加强的。再就是数据主权和国家安全，国际网络安全的博弈非常激烈，包括真真假假的信息欺骗行动。

6. 环境与气候变化

上一个嘉宾已经讲得很多了，我也不重复了。

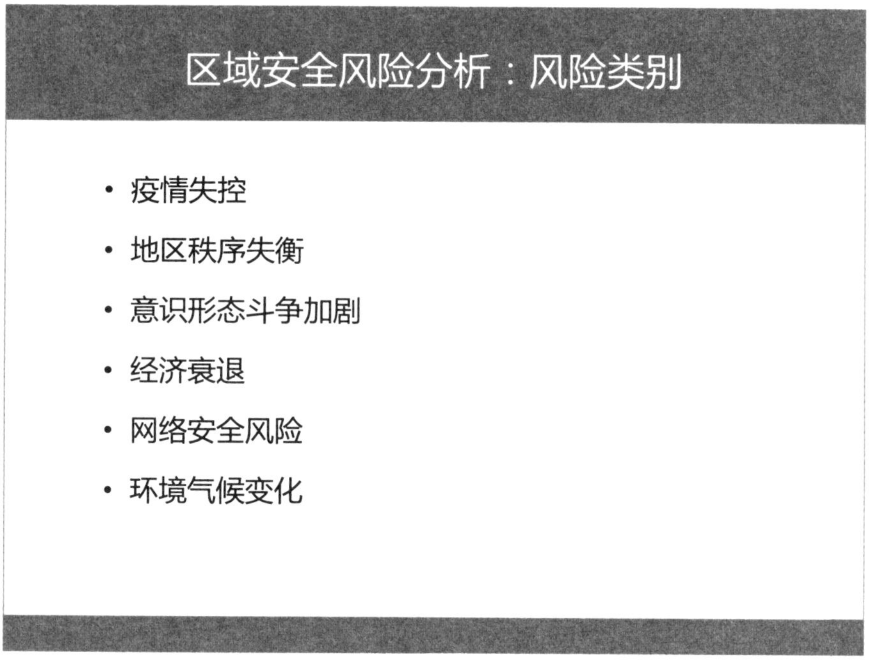

从逻辑分析模型到具体的区域安全风险，具体会产生哪些风险呢？我请教了经士智库学术委员会的黄老师，他是资深的研究中美关系问题的专家，在美国待了二十多年，他给出了他个人的判断，提了以下几点：

1. 疫情的失控，很多人都已经提到了，我刚才也点到了，尤其是将疫情政治化导致的失控。

2. 误判导致的冲突。刚才有嘉宾讲到了最可能产生的风险就是误判，误判产生的冲突概率是有所增加的。

慕尼黑安全会议官网上发布了十类区域安全风险，大家可以看一下，基本上是重合的，他列得更具体一些，但是基本上也没有超出我们的标准范围。

我们了解了这些分析工具、分析框架，怎么做具体的分析？我再给大家分享一下，有这么几点：

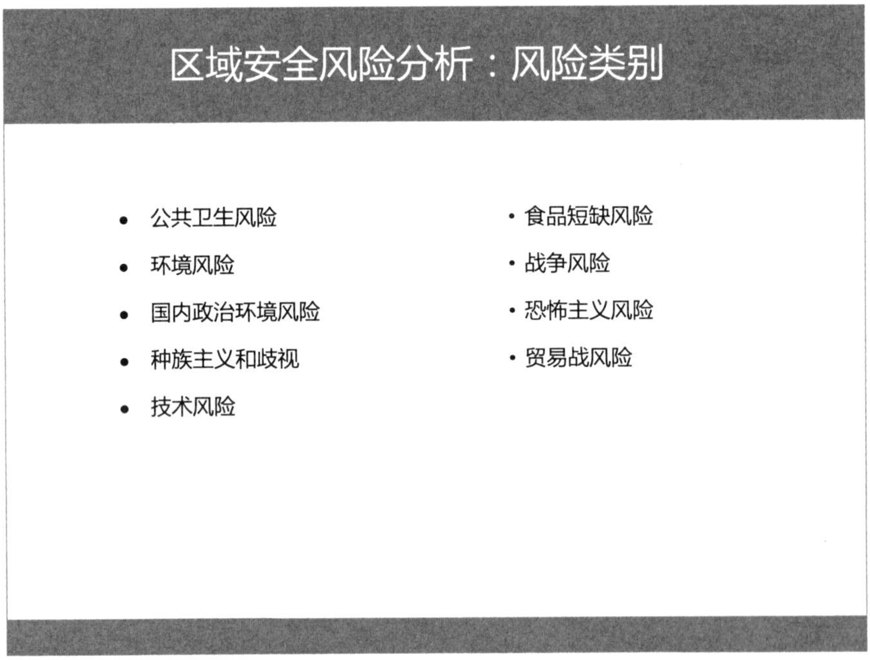

1. 很多风险是多元化、国别化的，每一个国家都不同，不是一下子能判断出来。

2. 有些风险长期性、周期性交替。

3. 这些风险是联动在一起的。

4. 有一些政治风险，比如冲突可能性很小，但是一旦发生就是灾难性的、毁灭性的。有一些涉及合规性的风险比较稳定，需要你提前做推测，但是两个都要准备到。

5. 如何发现动态变化中的规律？这需要长期的跟踪和研判。我们经士智库秉持两个研究逻辑，一个是复杂系统的涌现性，我们破题、解题，在重要的环节请一些重要的知名专家在一起，相互碰撞、相互启发、相互批评“对掐”，我们认为这是有价值的；第二个是国际同行评议，我们请国际上的知名专家跟我们一起对话。

最后简单说几个建议：

1. 把握大势，这个很重要。

2. 因地制宜，每一个地方、每一个区域都是不同的。

3. 加强属地管理，这个“走出去”的企业都很清楚。

4. 专业的人做专业的事，我们还是需要利用一些咨询公司、智库去拓展自己的大脑、拓展自己的视野。

区域安全风险分析：演进路径

- 多元化和国别化
- 长期性和周期性
- 联动和连锁反应
- 概率差异及影响
- 动态变化蕴藏规律
- 长期跟踪综合研判

建议中国企业走出去要关注

- 把握大势
- 因地制宜
- 属地管理
- 专业人做专业事

演讲人：田士（经士智库创始人、总裁）

3.4 疫情防控常态化中，人员全球流动的公共卫生风险演变

非常感谢主办方邀请我来参加这次盛会，前面三位嘉宾的分析非常好，尤其是公共卫生领域，风险对企业和个人来说是很重要的需要考虑的问题。

去年这个时候也是这个会，全球的疫情暴发开始，所以去年我给大家讲了一下中国在整个疫情期间，在联防联控、在每个阶段所要做的工作，如何真正从中国的角度来把握好疫情的防控，也提到了国际的发展趋势。

去年 6 月，我们并没有预见到整个疫情的发展是这么一个惨烈的情况。我查了一下，今天早上发布的全球疫情感染人数大概是 1.8 亿，死亡人数超过 380 万，这个显然也是低估了整个疫情蔓延的情况。

虽然比几个月前有所好转，但是总体来说现在还是处于疫情中的状态。

这 18 个月以来，一年半的时间，从数据可以看到美国从去年 4 月到去年年底以及今年年初，整个死亡率上升的情况；印度尤其是上个月（5 月）疫情发展非常迅猛，目前印度出现了新的毒株，这个新的毒株造成了所谓的第三波疫情，我们密切关注到这个所谓的第三波疫情目前在其他国家，包括美国、俄罗斯、南美都有造成疫情反复的情况。我们非常关注，到今年年底这个新的毒株到底是不是会继续发生作用。

关于疫苗的情况。

目前全球累计购买新冠疫苗大概是 120 亿剂，另外有 60 亿剂处于谈判之中，或者作为现有交易的拓展。很显然，区域和国家之间在购买量方面分布非常不均匀，比如加拿大已经购买了约为其人口数 4 倍的疫苗，而拉丁美洲、非洲和亚洲许多国家目前仍然无法购买足够的疫苗来覆盖其人口。截至上个星期，全球新冠疫苗接种大概达到了 21 亿剂次。

北美和欧洲的疫苗接种覆盖率还是比较高的，亚洲、非洲的疫苗覆盖程度要低于全球的平均水平。据今天上午的报道，目前中国接种的剂数超过 9 亿，大概有 3 亿人口已经接种两针以上，这个相当于 20% 的人口，在美国这个接种数据是 50%，因为接种的比例影响到整个人群的所谓的群体免疫，所以我们希望，中国在今年年底之前，覆盖率能够达到至少 60% 左右，甚至达到 70%。纵观整个疫情发展，除了非药物的公共卫生措施以外，接种疫苗相对来说是一个最终的解决方案。目前最突出的问题就是疫苗可及性，疫苗在全球分配非常不平衡。即使只有一个国家没有有效接种或者没有得到接种，我们可以说全球还是处于不安全的状态。这是目前我们所碰到的在全球卫生治理中重要的难题，就是疫苗的可及性和公平性的问题。

我们再看一下各个区域的情况，虽然亚洲接种的剂量比较多，主要是在中国，中国有9亿次接种量。接种数排名前五位的国家分别是中国、美国、印度、巴西和英国。

在接种人口比例上，加拿大、英国、美国、德国、法国目前处于前列，这个指标是100个人里面接种的数量。接种超过50%人口的国家包括加拿大、美国、英国。

总体来说，我们看这一年来整个疫情的情况，从全球卫生治理的角度来看，目前还存在很多的问题，包括世界卫生组织独立专家委员会，以及世界卫生组织的《国际卫生条例》中期评估也提出了许多应对未来疫情的新的建议。包括欧洲或者世界卫生组织提出的如何防范未来传染病大流行的国际公约的问题，目前正在讨论，中国也积极地参与这样的讨论。至于一些其他议题，包括世界卫生组织的改革，如世界卫生组织如何从全球角度发挥其作用，以及国家如何联动，如果大家关注全球卫生治理的话，这些问题会慢慢进行一些讨论和处理。

全球化跟新冠肺炎疫情风险。

全球化指数或者全球化水平比较高的国家反而新冠肺炎疫情病死率比较高，感染病例数也比较高。并不是全球化不好，显然这里面有各种各样的原因，值得我们去考虑。新冠肺炎疫情累计的发病率和每日的发病率跟人员的流动控制有很大的相关性。有些国家因为控制人口流动比较严格，相应来说，对新冠肺炎疫情的防控还是有效的。但是到了一定时候，比如目前疫情处于平稳期，接下来如何开放？如何在各国之间或者全球进一步促进人员流动，以及经济、贸易、旅游各方面的流动，也是非常重要的考量和需要进一步探讨的问题。比如说很多国家已经有大量的公民接种了疫苗，是不是要考虑疫苗的互认问题，疫苗的接种互认问题，这些问题是需要我们进一步关注的。

如何判断目的地国家人员流动的风险？我们需要考虑到新冠肺炎疫情流行病学和传播的模式，包括有没有病例、有没有散发的病例、有没有聚集的病例和社区传播；我们需要考虑到目的地国家公共卫生设施和社会措施，包括对接触者和感染者的识别、追踪和隔离，需要考虑目的地国家各级公共卫生设施和卫生服务的能力，以管理旅行者中的疑似病例和确诊病例，尤其在入境点（包括港口、机场、陆路口岸）需要考虑如何确诊病例。还要考虑目的地国家新冠肺炎传播以及临床特征的不断发展的知识，比如这次印度发生的主要是全新的变异株。我们也考虑目的地国家疫苗接种的情况。同时我们要考虑这些国家在疫情防控方面，包括传染病的监测以及行动方面所做的工作，有些国家可能一点干预都没有，有些国家是处于低水平的干预，有些是中级水平的干预，有的是高水平干预，有不同的层次，因此我们在考虑出行的时候，考虑风险的时候，需要对这些问题有一个比较准确的评估。

作为企业来说，我们需要考虑到事先的准备，比如作为雇主需要制定和实施相关的计划、政策和程序，对员工进行政策和程序的培训，制定、更新和实施《职业健康与

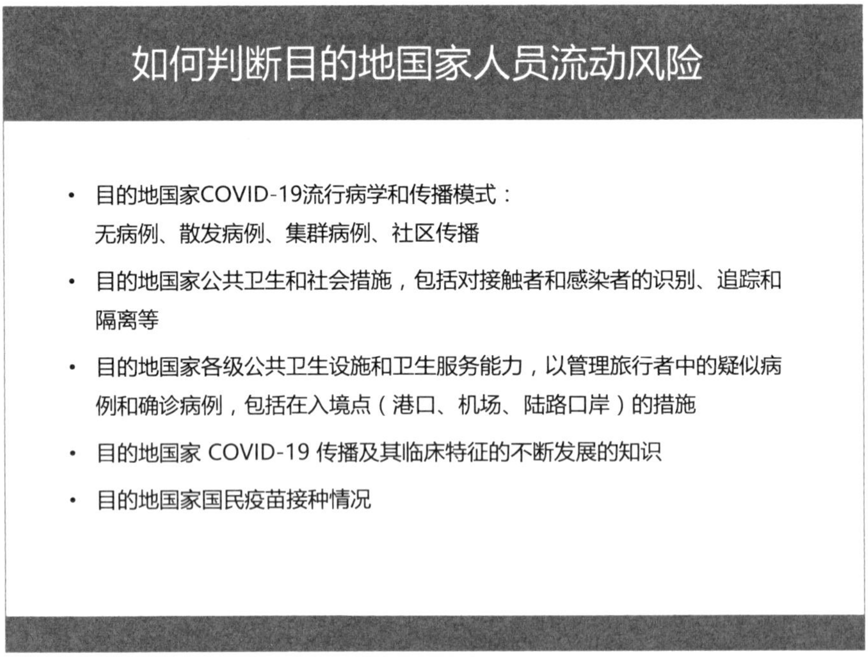

安全指南》，制定程序，对不同风险的员工进行检测。从员工安全和检测方面要建立这样的机制，实施足够的管理，要定期进行消毒和清洁，做好有效的风险沟通。

作为员工来说，或者作为出国的其他个人来说，我们如何能够做好培训工作，遵循公司的指导或程序，遵循协议，比如要求做检测，等等，自我监测新冠肺炎的症状，如果有症状该怎么办、该怎么处理，等等，需要有一个全面的了解。

总的来说，疫情防控常态化和新冠病毒长期化不容忽视。大家经常问我，你看这个疫情大概什么时候能结束？我说这个很难说，随着目前疫苗的推进，考虑到不平衡性，尤其在发展中国家需要有足够的群体免疫和疫苗的话，估计还需要有那么一两年的时间。所以总体来说，我们说中国国内疫情的形势还是比较稳定的，虽然局部地区出现一些散发引起的聚集性的病例，比如说在过去几个星期里面，在广东我们可以看到零星的病例。但总体来说国内控制还是比较好的，也是相对比较乐观的。国外疫情还在蔓延，亚洲部分国家疫情快速上升，印度目前还是处于比较高位，但是比一个月前的5月份情况好转很多。

对新冠病毒的现实判断。

我们认为新冠病毒还是非常"聪明"的，在某种程度我们叫非常狡猾，现在也是一直在变异，流行不断，变异不止，尤其对德尔塔病毒的防范还是需要非常严格的。全球不同地区和不同区域疫苗接种数不同，发展中国家目前仍然处于弱势地位。疫苗接种以后，抗体的持续时间到底多长，能够有多长时间的保护作用？这些科学问题目前还没有完全精确的答案，需要继续研究和验证。我刚刚讲到大规模接种，实现群体免疫可能还需要全球的协作。

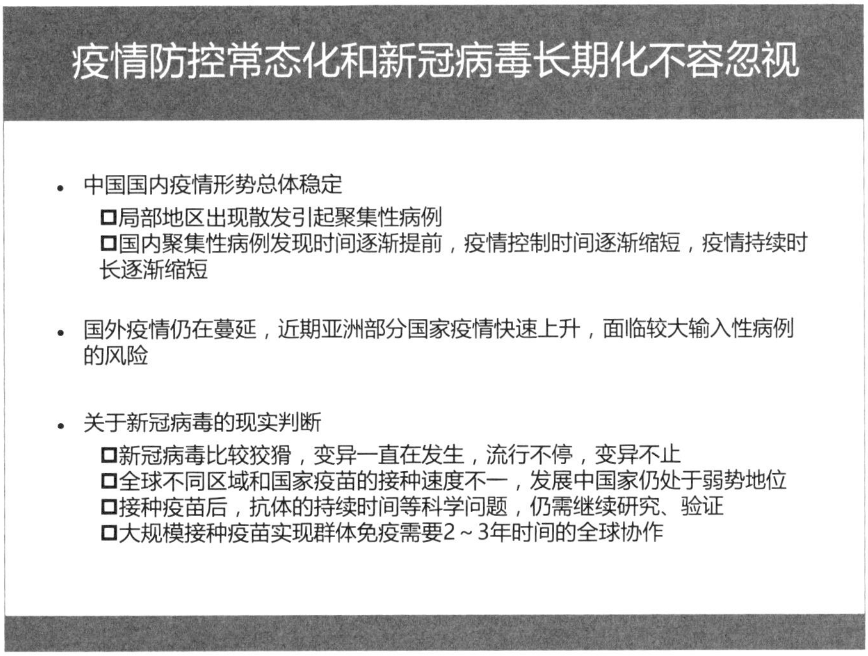

狡猾的新冠病毒可能会与我们长期相伴，接种疫苗以后，未来可能仍会继续存在，这个到底是不是像流行性感冒一样？也有可能，疫情防控常态化已经成为必然，接种疫苗是目前我们认为最好的选择，所以我们希望大家能够相信科学，这是我想传达的信息。

演讲人：郑志杰（北京大学全球卫生学系主任）

第 4 部分

2021 全球投资服务论坛演讲

4.1　产业链重塑与大国竞争

非常感谢邀请，我今天的演讲题目是“产业链重塑与大国竞争”。

2001 年发生了非常非常重要的两件大事：第一件事就是“9・11”恐怖袭击事件，第二件事是中国加入 WTO。“9・11”整个改变了美国的战略走向，这 17 年美国干吗去了？美国自“9・11”事件之后以所谓伊拉克持有大规模杀伤性武器为由，对伊拉克发动军事打击。战争导致平民死亡人数有 20 万至 25 万。打掉了 8 万亿美元、死了 4 000 多个美国青年士兵，但是什么都没有得到。第二件事是中国加入 WTO。这 17 年来中国奋发图强、励精图治、砥砺前行，所以我们从产业链、全球价值链来看，1995 年全球产业链、全球价值链的核心是美国、德国、日本，但是仅仅经过了 20 年，从 2016 年来看，我们就发现中国已经成为全球价值链的核心。

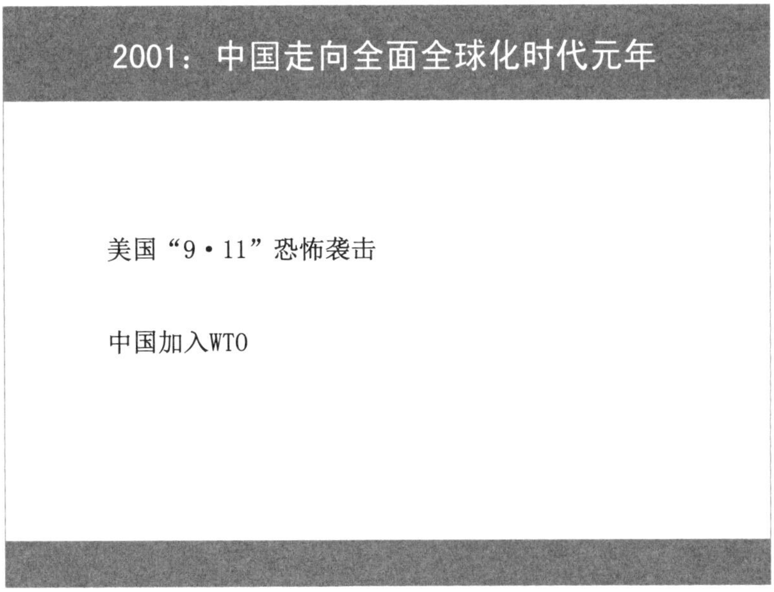

2018 年中美关系发生了一个重大的逆转，中美关系出现了一个结构性的变化，这个结构性的变化核心在哪里呢？这个核心就是整个的全球产业链的结构发生了重大的变化。我们可以从左边看（图见 PPT），这是美国所设想的一种全球产业链的结构，之所以美国同意中国成为 WTO 的一员，他就是希望在劳动密集型产业、在资本密集型产业领域让中国来做，比如做裤子、做袜子、做鞋子，哪怕装配笔记本电脑、装配 LED 灯都没有问题，美国及其盟国一定要在资本技术密集型以及技术资本密集型产业，包括手机、包括汽车领域，他牢牢地掌握着全球的产业链核心。最终美国必须要掌握技术密集型产业，也就是说无论哪一个国家，包括 20 世纪 80 年代的日本、90 年代的法国，一

全球产业结构

美国所设想的全球产业链结构

现实中的产业链结构

旦危及美国的技术密集型产业，它就会无情地打压，无论是否是盟国还是非盟国，一定会遭到美国的无情打压，为什么？因为这是美国用来控制全球产业链的最核心的要诀。

但现实中的产业链结构怎样呢？中国经过 20 多年的发展变成什么样了呢？毫无疑问，在劳动密集型产业，中国牢牢地成为全世界最大的劳动密集型产业的制造业基地。同时，在资本密集型产业，中国也在迅速地攀升，中国在汽车领域、手机领域、在电子半导体领域进行了快速的攀升，更重要的是什么？是中国慢慢地朝着技术密集型产业发展（如人工智能、手机芯片、大飞机），在这样的发展过程中，就使得美国整个的全球产业链的核心地位逐渐地开始丧失。

中美贸易结构

美国对华贸易逆差

美国从中国进口总额：4 520亿美元

美国向中国出口总额：1 066亿美元

从中美产业的结构可以看出，2019 年，中国出口美国最多的三类产品，第一是电脑，第二是手机，第三是衣服、鞋子和袜子。美国出口中国的是什么呢？第一是商用飞机、波音飞机、第二是大豆，第三是半导体。如果说中国的国产客机 C919、华为的海思能够全面地超越，不说超越美国，至少能够跟美国的企业进行竞争的话，美国的未来是什么样？那就只能出口大豆了，这对美国来说是非常非常危险的，一夜之间美国就会变成农业国了，这是中美关系发生重大逆转的结构性因素。

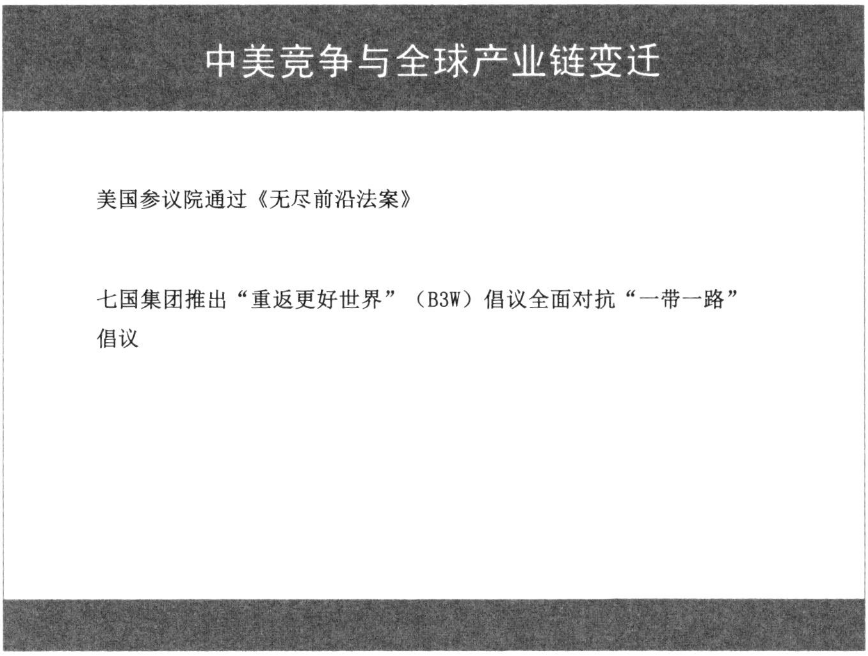

所以说在这样的发展情况下，美国一定要采取“脱钩战略”，跟中国在快速发展的经济领域、高科技领域、产业领域进行“脱钩”，尤其是科技领域进行“脱钩”。但是在特朗普执政时期人们发现在经济领域“脱钩”是一个非常非常困难的事情，为什么？因为美国无法放弃中国这么廉价的产品。所以在这样一种情况下，美国整个的制造业其实是越来越空洞化。大家都知道，如今美国仅存的民用制造业就剩下汽车工业、飞机制造、制药和食品工业。所以说在这样的情况下，美国试图跟中国脱了 3 年的“钩”，到现在根本没有办法“脱”下去，也没有办法再打一场新的“冷战”，因为中国和当年的苏联是完全不一样的国家，是完全不一样的工业体系。那么，中美之间的这样一个经济关系是一种极其深度融合的，现在是根本没有办法像“冷战”时期那样完全独立、完全隔离、完全拆开。美国现在唯一能做的就是在科技领域进行快速地“脱钩”，即所谓的“小院高墙”战略。

今年年初美国参议院通过了《无尽前沿法案》，这是跟中国在科技领域进行全面

"脱钩"的一项新的法案。同时刚刚结束的七国集团（G7）峰会通过了一项B3W倡议，G7是第一次工业革命形成的7个工业化国家，这样的结构，从第一次工业革命到现在没有发生根本性的改变，唯一能半只脚踏入G7的国家就是韩国，所以在这样的情况下，中国对于美国的"威胁"，实际上不仅仅是对于美国，而是中国快速的发展将会打破G7这么7个工业化国家所控制的全球产业结构。中国成为100多年来可能唯一一个打破G7这样一个结构的国家。所以在美国重返欧洲的这样一种态势下，在拜登政府新的姿态下，重新希望团结欧洲，重新希望团结自己的盟国，全面对中国实施战略压缩。他们现在能做的是什么？唯一能做的就是对抗"一带一路"倡议，即实施所谓的BBB WORD（简称为B3W），即"返回一个更好的世界"，这就是未来企业"走出去"将会面临一个极大的不确定性的政治性因素，这个政治性因素来自西方国家准备联合起来全面对抗"一带一路"倡议。

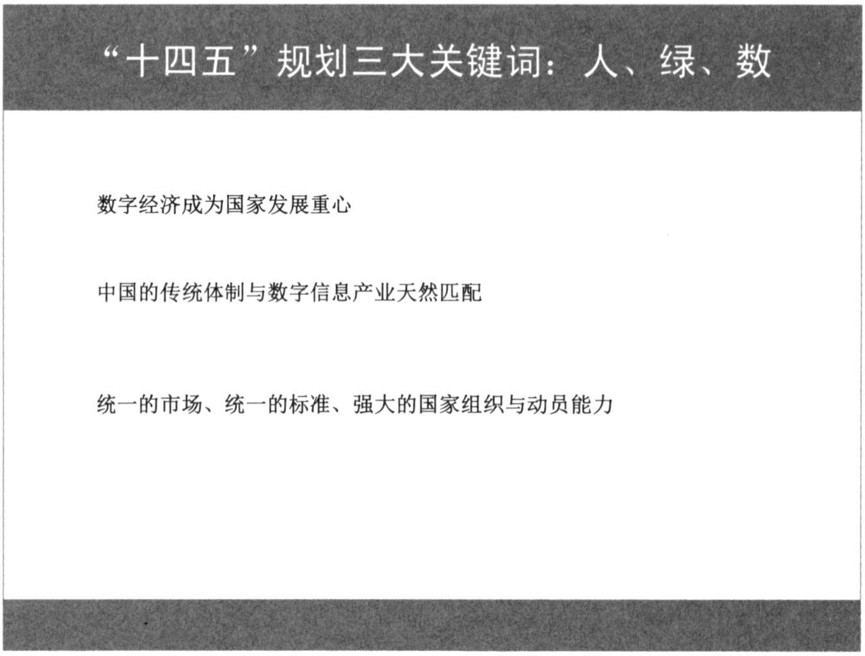

在这样的态势下，我们"十四五"规划提出了"三大战略"，我归结为三个字：人、数、绿。其中最核心的产业战略就是数字经济成为中国国家发展的核心。所以对我们的企业来说，一定要牢牢地抓住中国的国家发展战略。为什么中国一定要在数字经济产业领域发力呢？因为中国是一个高度统一、民族团结的社会主义国家，在中华人民共和国领土范围内，任何一条法律全部都是适用的。这样的一个政治体制与数字产业体系是一种天然的匹配关系。数字产业体系需要什么？需要统一的市场、统一的标准，需要强大的国家组织和动员能力，因此我们在基础设施建设方面，无论是高铁还是5G，都具有很强的竞争力，为什么？这就是中国特色社会主义非常强的制度优势，就是集中力量办大事，这种集中力量办大事的能力实际上就是强大的国家组织和动员能力，这恰恰是和数字产业领域相匹配的，因为我们都知道数字产业领域不仅仅是换一部 5G 手机这么简单的事，而是配套的一个全新的数字基础设施建设。

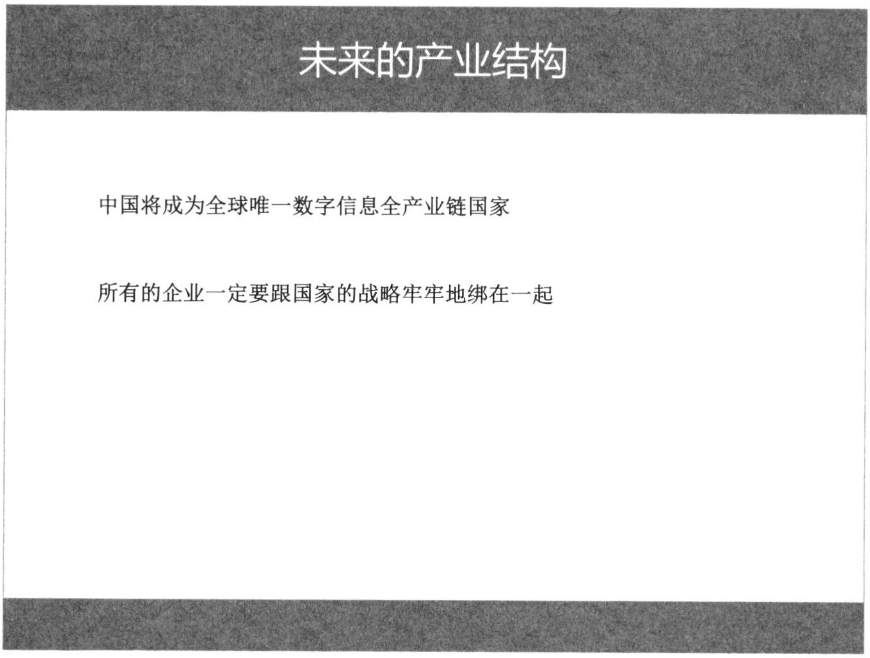

所以说，在这样的一个发展过程中，我们可以预见在未来，中国将是一个新型数字产业的国家。所以我们所有的企业一定要跟国家的战略牢牢地绑在一起，无论是在国内发展的企业，还是“走出去”的企业，和国家的发展牢牢地绑在一起，也就是和全球产业趋势牢牢地绑在一起。

因此，在 G7 全面对抗中国“一带一路”倡议的大背景下，我们的企业如何应对这样的一个全面的挤压？全面的打压是不可能的，所以说只会面临一个全面的挤压，在这样的全面挤压的环境下怎么办？RCEP 成为中国未来发展的最重要的基本盘，这个基本盘将会是未来四年国家重点投资、重点发展以及重点保护的领域。所以说我们企业一定要关注东南亚的发展。未来四年的核心在哪里？核心就是中国企业“走出去”、东南亚的产品运进来。所以以区域投资为核心，尤其是基础设施、互联互通和数字产业，我们将会建立一个东南亚的超大规模的统一电商平台，加速东南亚区域的数字人民币结算。所以未来“走出去”的企业，如果采用数字人民币结算，将会得到国家非常大的支持，所以说在这一点，所有的企业都要做好这样的准备。

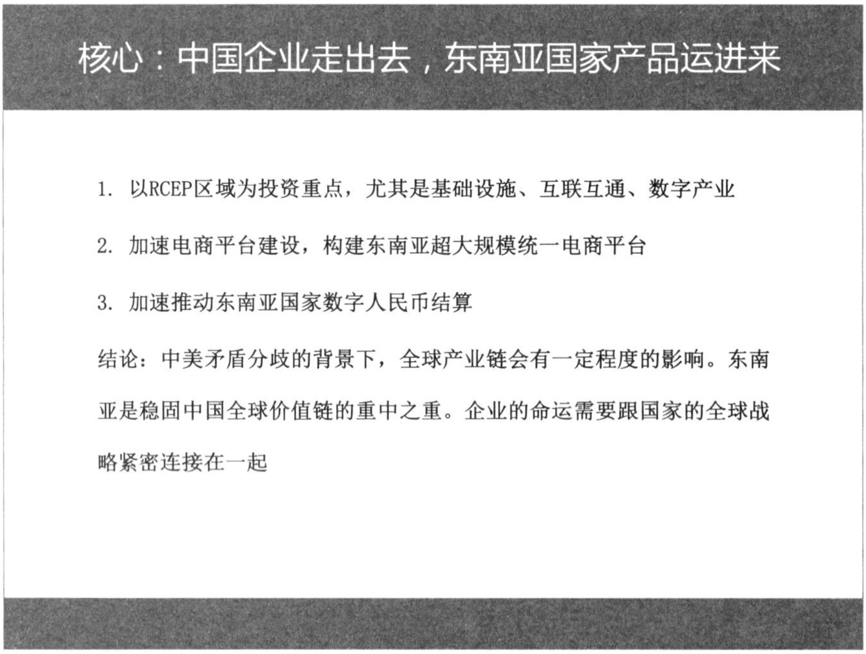

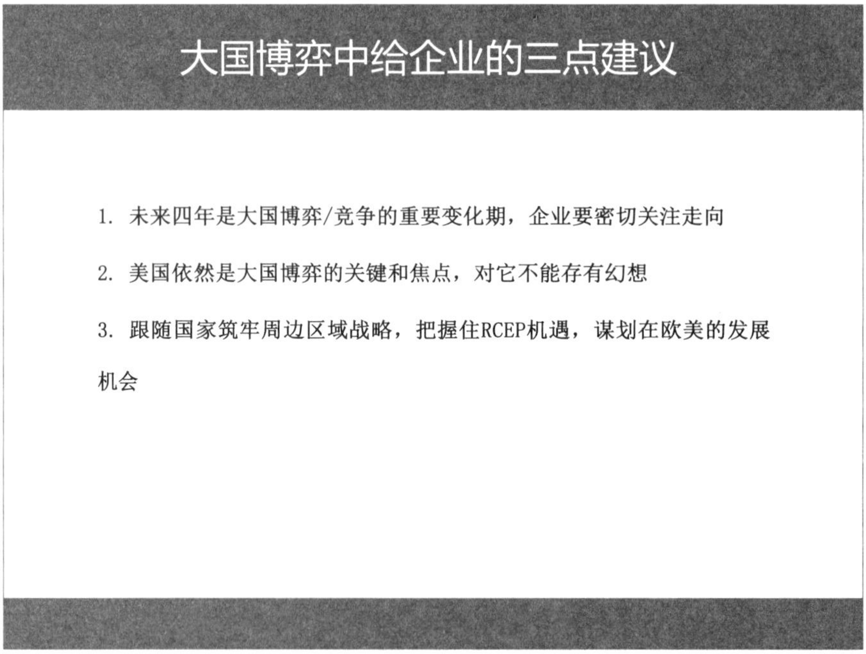

在中美矛盾分歧的背景下，企业没有选择，只有和国家的命运牢牢地绑在一起。因此，我认为未来四年将会是中美矛盾分歧最关键的四年，因此这四年将会是我们国家的发展，我们企业的发展与我们个人命运牢牢结合的四年。同时，中美之间的矛盾是结构性的矛盾，不要希望这个矛盾会在短期内有一个巨大的缓和。我们不要对美国抱有任何的幻想。

最后一点，一定要把企业的命运和国家的命运、全球产业的命运牢牢地绑在一起，才能够给自己创造一个更大的天地。

谢谢大家！

演讲人：雷少华（北京大学国际关系学院教授）

4.2 借力区域合作，加快企业境外投资高质量发展

非常感谢主办方给我这个机会可以跟大家分享一下我们研究的一些心得和体会。我今天演讲的题目是“借力区域合作，加快企业境外投资高质量发展”。

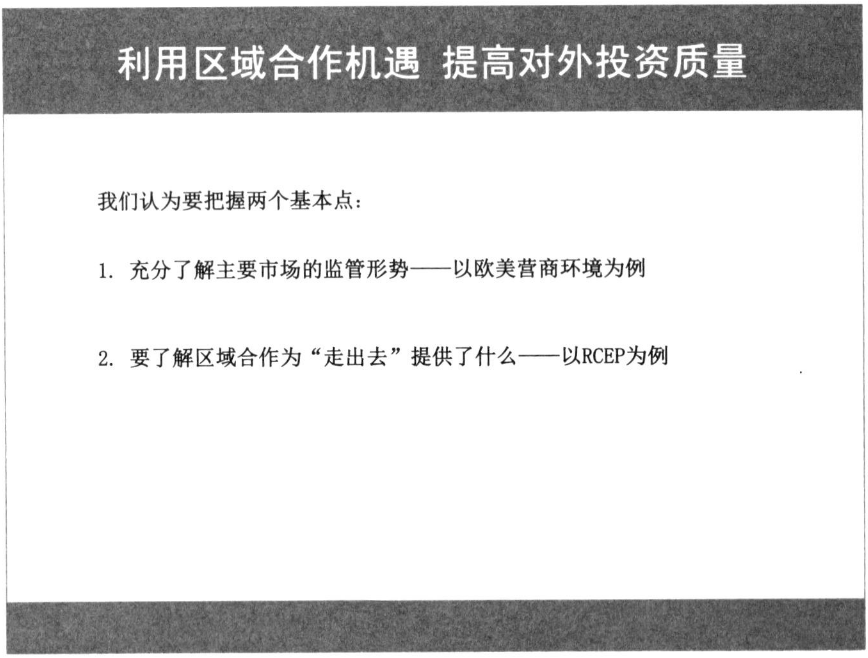

我认为有两个基本点需要把握：第一个，作为全球最主要的两个市场：欧盟和美国，他们目前对外资的监管是什么样的情况？刚才雷教授是从大国的战略和大国的博弈角度来讲的，非常接“天线”，我接下来负责接“地气”。第二个是要了解区域合作为“走出去”提供了什么，我们建立区域合作“走出去”是不是可行的？

贸促会研究院从 2017 年开始，每年在国内广泛地对在欧盟投资的企业、对在美国投资的企业发放大量的问卷。根据我们的调查和研究，2020 年在欧的中资企业有 25.3% 认为欧盟未来的投资环境是悲观的、恶化的，这个数字，在美国的中资企业更高，有 60.31% 的在美中资企业认为美国的营商环境未来是一个悲观的态势。

由于 2020 年是特殊的一年，新冠肺炎疫情的冲击，以及从 2018 年开始欧盟市场、美国市场对于外资的收严是从两个方面进行的：一个是市场准入，也就是我们中国企业对欧盟投资、对美国投资的门槛是越来越高的。第二个层面就是行政执法层面，也就是说欧盟政府，还有美国政府对于在当地投资的中资企业在行政执法的时候是有歧视的。比如本土企业，美国企业或者欧盟企业税务检查一年一次，中资企业很可能就要面临频

次更密的税务检查。或者是欧盟在临时突击检查非法务工人员的时候重点检查的都是我们在欧盟的中资企业。这不是歧视又是什么？基于这些原因，2020 年有将近 1/3 的在欧中资企业、在美中资企业会面临着经营亏损的情况。

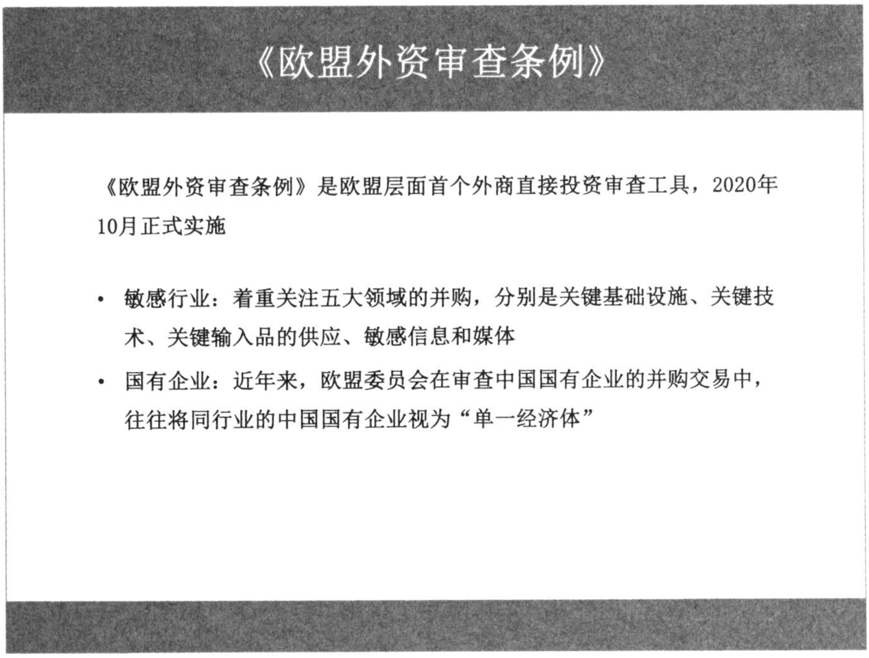

接下来我们看一下欧盟政府对于外资监管到底处于什么样的情况，2020 年 10 月，《欧盟外资审查条例》正式出台，这是欧盟层面第一个外商直接投资的审查工具。过去欧盟层面是没有任何关于外资审查体系的，欧盟这 27 个成员国里边也只有德国和法国是有外资审查体系的。从去年开始，越来越多的欧盟成员国都要应“外资审查条例”的要求开始建立自己国家的外资审查体系，而且《欧盟外资审查条例》将五大领域、五大行业的并购列为敏感领域，分别是关键基础设施、关键技术、关键输入品的供应、敏感信息和媒体。它和我们国家外商投资的负面清单不一样，我们的外商投资负面清单是名单中所列行业，外资是不可以进入的，或者是限制进入的。但是欧盟是敏感领域，就是但凡涉及这五个领域中的直接投资和并购都大概率地会触发外资审查。这五个领域具体来看的话大概包括能源、水、卫生、交通、通信、网络安全、人工智能、机器人、金融基础设施，等等，大概 15 个小的行业。而且《欧盟外资审查条例》特别关注国有企业，可以说这一条是专门为中国企业量身定制的。欧委会在审查中国国有企业并购交易的时候，往往将同行业的中国国有企业视为单一经济体，什么意思？从 2015 年中国广核集团收购法国 Fujin 的风电项目的时候，它就要求中广核将中国市场上所有关于核电行业的企业财务报表合并，而且要合并计算所有中国国有的核电企业的市场份额，这样的话，一定是会触发反垄断审查的，而且对于外资审查，对于我们中广核收购法国Fujin风电项目是非常不利的，也不符合现实情况。我们中国企业都知道，即便是大家都是国资委项下的企业，但是互相之间是独立的，但是欧委会认为中国所有的国有企业的股东都是国资委，所以你们都是关联企业，你们都是一家企业，这对我们来说是很不公平的，也是脱离现实的，但是从2015年中广核的案例之后，欧委会在面临中国国有企业收购欧盟企业的时候，基本上都是这么操作的。

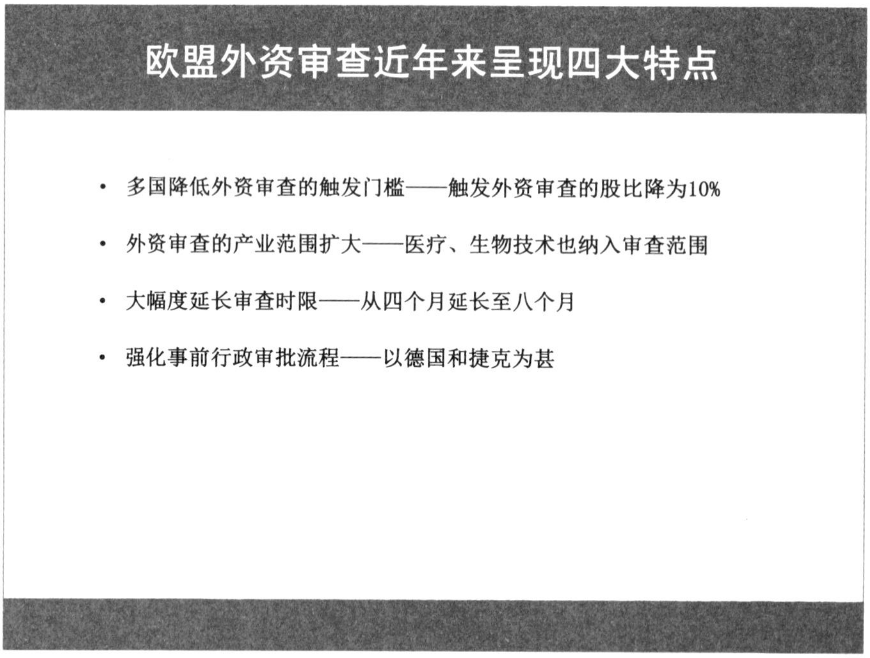

总体来看，欧盟外资审查近年来不断趋严的态势主要体现在四个方面：

1. 大幅度降低外资审查的触发门槛

在2018年以前，触发外资审查门槛的股比结构是25%，2019年的时候，德国率先降到15%，紧接着又降到10%，去年开始法国和波兰也把自己触发外资审查的股比降到10%。

2. 外资审查的产业范围扩大

过去欧盟的成员国基本上只有在涉及国防和军工产业的时候才会触发外资审查或者把国防和军工列为敏感领域，但是从2020年开始，法国、波兰、意大利、西班牙等这些国家都严格地按照《欧盟外资审查条例》所建议的五大敏感领域15个小的行业来设置自己的敏感领域。而且由于新冠肺炎疫情的冲击，将医疗和生物技术也列入触发审查的敏感领域。

3. 最严重的一点，大幅度延长审查时限

在2018年以前，即便是德国的外资审查，它也只有两个月的审查期限，2019年延长到四个月，2020 年延长到八个月。整整八个月的审查期限，在这个期限内，交易双方不可以有任何动作，你也没有办法得知审查的结果或者审查的过程是什么样，因为所有的审查过程都是不透明的，这就意味着欧盟方面所标的的企业、需要卖出的企业要等审查八个月以后才能决定是交割还是不交割，企业本来就要卖了，资金流已经很不好了，八个月基本就死掉了，现金流要断了，所以这直接导致了欧盟出卖标的方企业基本上不会把中国的投资人列为考虑范围之内，可能更倾向于考虑不会触发外资审查的欧盟本土的企业或者美国的企业，甚至是日本的企业。这导致我们国家投资者收购欧盟企业的时候要面临特别可怕的时间成本，如果这个企业志在必得，一定要完成这个交易的时候，他就要保证标的企业这八个月的现金流不能断，所以它的标价要比以前翻两倍，甚至三倍。

4. 强化事前行政审批流程

在过去欧盟及其成员国的外资审查都是非强制性的，而且政府也只是保留了事后监管，或者是事后抽查的权力，但从去年开始，所有的交割都必须拿到事前行政审批的许可，尤其是德国和捷克，任何交易在没有得到事前行政审批的时候，都有可能受到处罚。

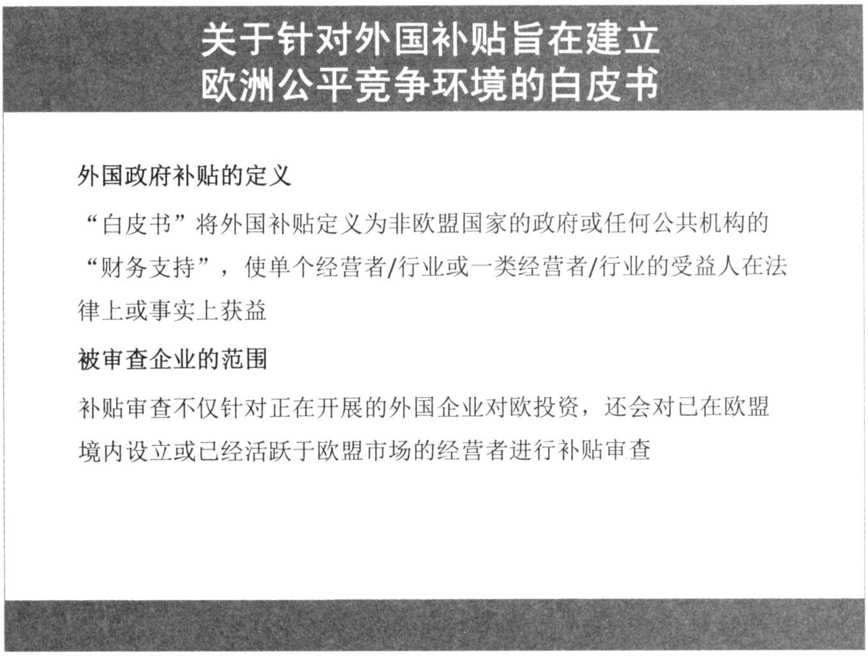

欧盟除了收严外资审查，还建立了一种新的工具，以弥补欧盟所谓的监管空白。也就是要针对外国补贴出台了一个反补贴的白皮书。这个白皮书对于外国补贴的定义是十分宽泛的，也就是说所有非欧盟国家的政府或者任何公共机构，对于个人或者是某一个企业，有了财务支持，都可以被视为补贴。被审查企业的范围也十分广泛，不仅仅局限在想要进入欧盟市场的企业，还包括已经进入欧盟市场或已经在欧盟开始运营的企业。还没有进入欧盟市场的企业，反补贴审查是强制申报的；已经进入欧盟的企业怎么办？是事后监管审查，而且欧委会是唯一指定的事前审查权力机构。

关于针对外国补贴旨在建立欧洲公平竞争环境的白皮书

被认为扭曲市场的五种补贴形式：

（1）以出口融资形式提供的补贴

（2）对经营不佳的经营者提供的补贴

（3）以政府担保债务形式给予的补贴，且担保不限金额、责任和时限

（4）在一般措施范围外，以税务减免的形式提供的运营补贴

（5）直接支持收购的外国政府补贴

被认为扭曲市场的五种补贴形式，我们中国企业可能也会觉得耳熟能详，包括出口融资形式提供的补贴、对经营不佳的经营者提供的补贴、政府担保的债务形式补贴、税务减免形式提供的运营补贴或者直接支持收购的外国政府补贴。所以白皮书对于补贴的定义过于宽泛，相当于把企业能够通过市场正常运作拿到的市场的支持也被定义为政府的补贴。

美国的情况怎么样？美国在 2018 年就开始酝酿《外国投资风险审查现代化法案》（简称 FIRRMA 法案），2020 年 2 月 13 日正式生效，扩大了投资审查的范围，以及强制要求特定审查进行申报，通过这两点强化了美国外国投资委员会（CFIUS）的审查权限。有两种审查机制：第一种，外国投资者针对美国企业的控制权交易（25% 以上的股比交易），以及涉及特定敏感因素的非控制权投资交易。什么意思？就是你只要是涉及关键技术、关键基础设施、敏感个人信息这些敏感因素，哪怕你的交易股权只有 1%，你也要触发强制的审查，而且没有明确列出审查清单，清单是根据什么规定的？主要是通过美国国际武器贸易条例，通过商业管制清单，以及 2018 年的《出口管制改革法案》所规定的清单，我们研究院通过整理大概有 27 种关键技术、12 种关键设施，我会在后面展示。第二种是外国投资者涉及美国不动产的交易。什么样的不动产交易会触发审查机制？在美国航空港之内的不动产、邻近美国军事设施的不动产。

《外国投资风险审查现代化法案》（FIRRMA）

列入FIRRMA法案实施细则的27个敏感行业

1	飞机制造	15	粉末冶金零件制造
2	飞机发动机和发动机零部件制造	16	电力、输电和特种变压器制造
3	氧化铝精炼和原铝生产	17	原电池制造
4	滚珠和滚柱轴承制造	18	广播电视播送和无线通信设备制造
5	计算机存储设备制造	19	纳米技术的研究与开发
6	电子计算机制造	20	生物技术研究与开发（纳米生物技术除外）
7	制导导弹与航天器制造	21	铝的二次冶炼和合金化
8	制导导弹和航天器推进装置和推进装置零件制造	22	搜索、探测、导航、制导、航空和航海系统和仪器制造
9	军用装甲车、坦克和坦克部件制造	23	半导体及相关器件制造
10	核电力生产	24	半导体机械制造
11	光学仪器和透镜制造	25	蓄电池制造
12	其他基础无机化学物制造	26	电话设备制造
13	其他制导导弹和航天器零件及辅助设备制造	27	涡轮机和涡轮发电机组制造

这是 27 个敏感行业。

美国外资投资委员会（CFIUS）审查范围

CFIUS审查范围内的关键基础设施

序号	关键基础设施	序号	关键基础设施
1	支持对等互联的IP网络和互联网交换	7	电信服务
2	海底电缆系统、相关设施和位于海底电缆着陆点、着陆站或终端站的数据中心	8	直接向国防部提供服务的卫星或卫星系统
3	为大型国防采购计划或DPAS（国防资产责任制）订单制造或运营的国防设备和相关资源，或由多个国防部计划提供资金支持的国防设备和相关资源	9	特种金属、覆盖材料、化学武器解毒剂或装甲板的制造设施
4	发电及相关基础设施	10	石油和天然气精炼厂、管道和相关基础设施
5	LNG进口或出口终端	11	金融市场公用设施和证券交易所
6	铁路、机场、海港和港口码头	12	公共供水系统、工业控制系统和处理工程

以上是 12 个关键的基础设施。

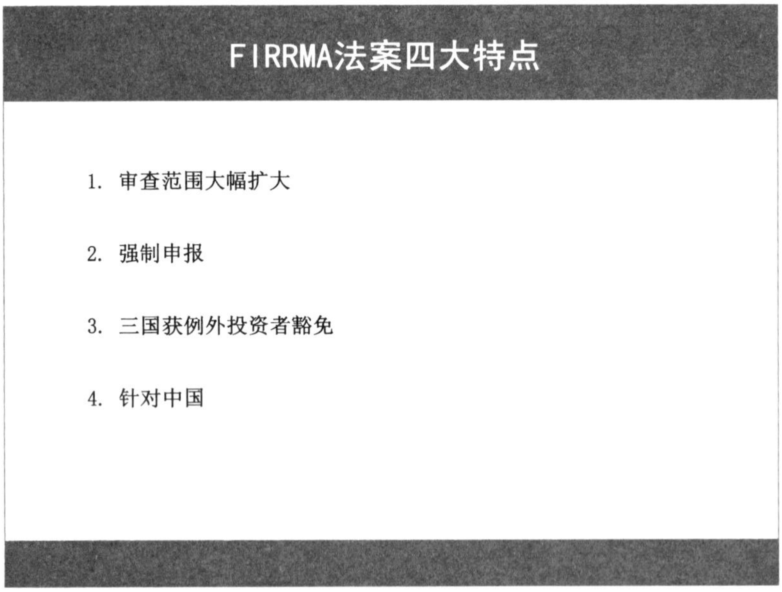

FIRRMA 法案四大特点：

1. 审查范围大幅扩大。

2. 强制申报。一个是设置敏感因素；另一个是特定的外国政府相关交易，外国投资者在美国企业获得重大利益，什么叫重大利益？这一点其实也特别针对中国，一是25%以上的股权交易，二是如果外国投资者有49%及以上的股权是由外国政府控制的，无论它的收购交易、并购交易是什么样的，都会被美国认为有重大利益。

3. 三个国家（澳大利亚、加拿大、英国）是例外的。

4. 是针对中国的。到2026年之前每两年要提交《中国投资报告》，分析中国在美国的投资结构、投资的背景、投资的行业，方方面面。

即便这样，退出欧盟市场的中国企业只有1.58%，退出美国市场的中国企业也只有5.34%，甚至还有40.08%的企业想要扩大在美市场，为什么？因为欧盟和美国市场真的很重要。

RCEP 能否成为我们借力“走出去”的重要途径？首先 RCEP 就是特别重要的市场，它遵循区域原产地的累积规则，可以扩大区域内的贸易效应，可以让区域内的产业在区域内进行供应链优化，而且因为它本身通过贸易、通过服务贸易、通过投资的双向开放，归置了15个成员国的营商环境，形成了一个统一的大市场，所以它是非常能够吸引区域外的企业来区域内投资的，所以 RCEP 本身就是一个很有吸引力的投资市场。

其次，通过 RCEP 绕开壁垒是否可行？从两方面来看，一是小国因为国内市场有限，需要通过双边政府签订这些贸易协定来寻求海外市场。它自己本身就形成了一个像自行车轮一样的轴心的国家，以它自己为轴心，有很多的双边贸易协定。RCEP 里有三

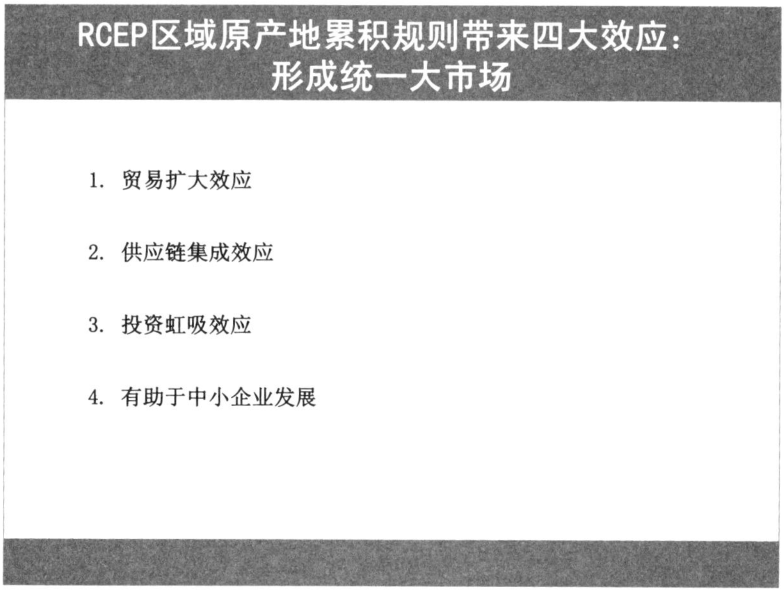

个成员是处于这样双边贸易协定轴心国的地位：日本、韩国、新加坡，他们都分别和美欧签订了双边贸易协定。第二个方面就是 RCEP 有一些成员具有成本优势，如人力、土地，比如越南、泰国、马来西亚和印度尼西亚，他们的人力成本可能只有我们中国的 1/3 甚至是 1/5，还有一些最不发达的国家，如老挝、缅甸、柬埔寨，因为无论是欧盟市场还是美国市场，包括中国市场对于最不发达国家，它的出口产品的 97% 都是免关税、免配额的，意味着什么？这意味着劳动密集型产业，尤其是由中国转向这些国家的劳动密集型产业是有希望的，而且是很有发展潜力的。

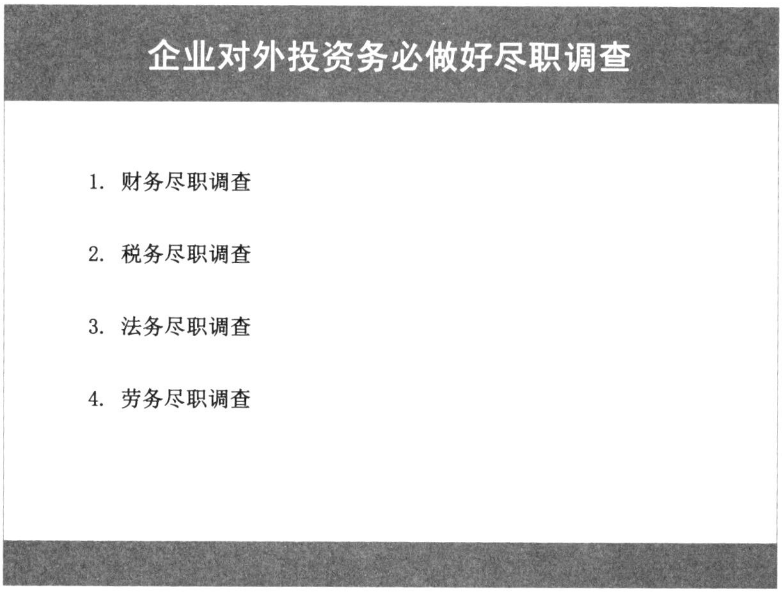

最后给大家的建议，就是我们的企业进行对外投资的时候，一定要做好尽职调查，包括财务、税务、法务的尽职调查，可能我们的一些企业对这些都是耳熟能详的，也都是会做的，但是有一些企业可能会忽略了劳务尽职调查，现实中也出现过有一些企业收购欧盟企业没有做劳务尽职调查，收购了之后才发现他要付给退休员工的工资可能要成倍于在职员工的工资，成为企业不可承受之重，所以请大家务必做好这四个尽职调查。

最后，祝大家在 RCEP，以及借力 RCEP 投资美国和欧洲市场能够投资成功，谢谢！

演讲人：周晋竹（中国国际贸易促进委员会研究院副主任）

4.3 国际工程承包风险防范的新思考

大家好，下面我来谈一谈关于国际工程承包风险防范的新思考。

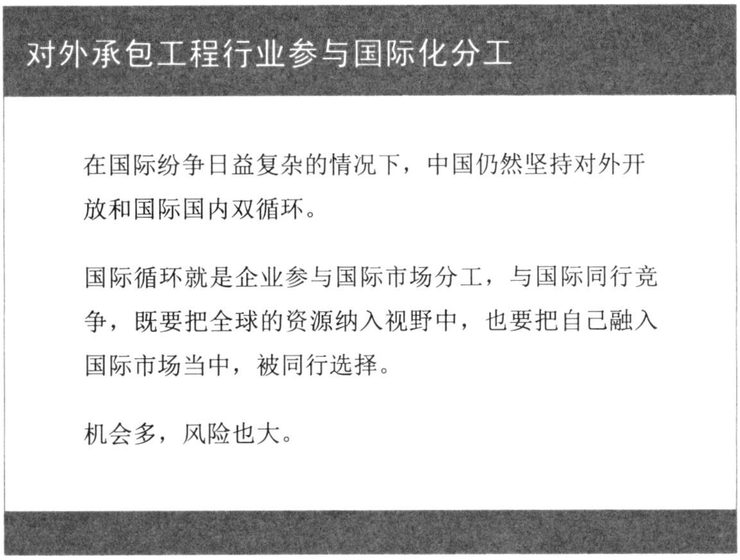

这个问题更直接一些，在国际形势纷繁复杂的情况下，中国仍然坚持开放，仍然坚持“双循环”。在这种情况下，中国在国内循环方面，企业要以国内的市场为主、国内的资源为主。同时，我们还要参与国际循环，企业在参与国际循环当中就是与国际同行竞争，既要把全球的资源纳入视野当中，也要把自己融入国际市场当中，被同行选择。在这个过程中机会很多，风险也很大。

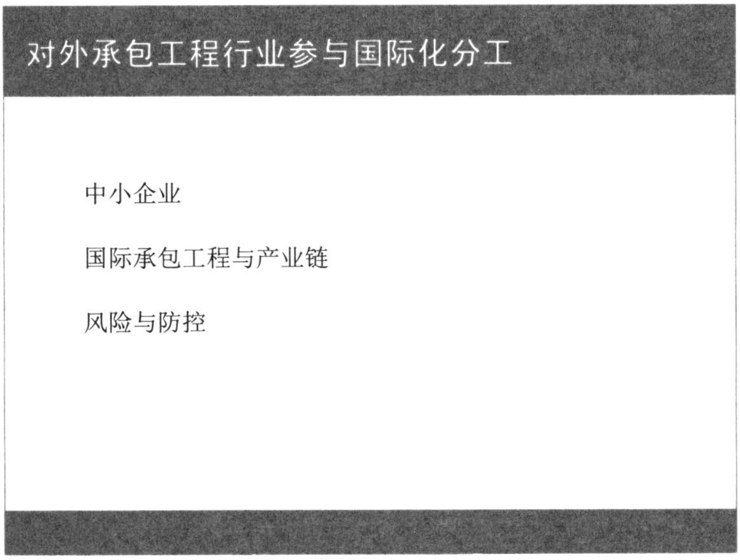

风险有各种各样，不同行业、不同企业有不同的关注点。对国际工程承包及其产业链而言，中小企业关注的风险和重点有其特点。

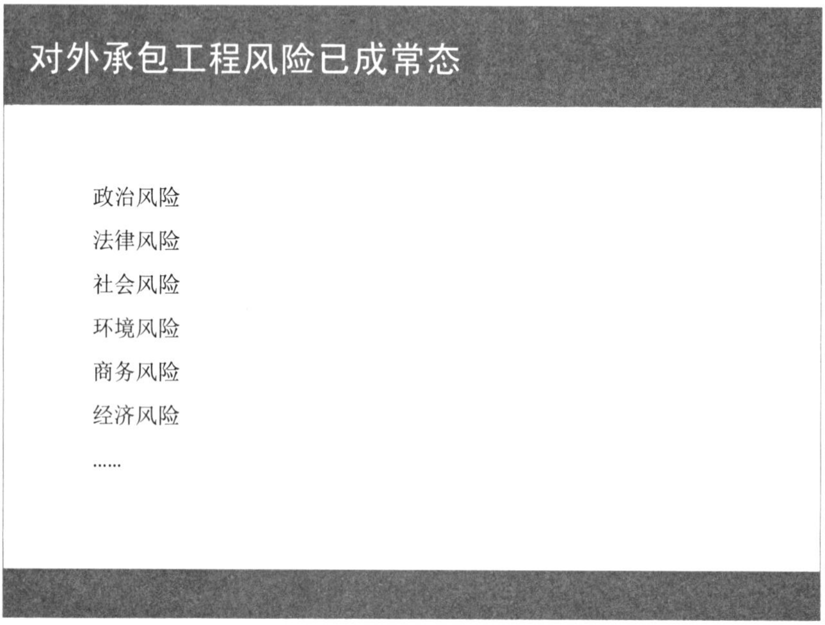

对外承包工程的风险现在已经成为常态，中国出口信用保险公司的专家在发言中也介绍了风险的类型，主要是政治风险、法律风险、社会风险、环境风险，商务风险、经济风险，还有现在疫情的风险。

我举几个典型的案例，这几个案例有的是我亲身经历的。

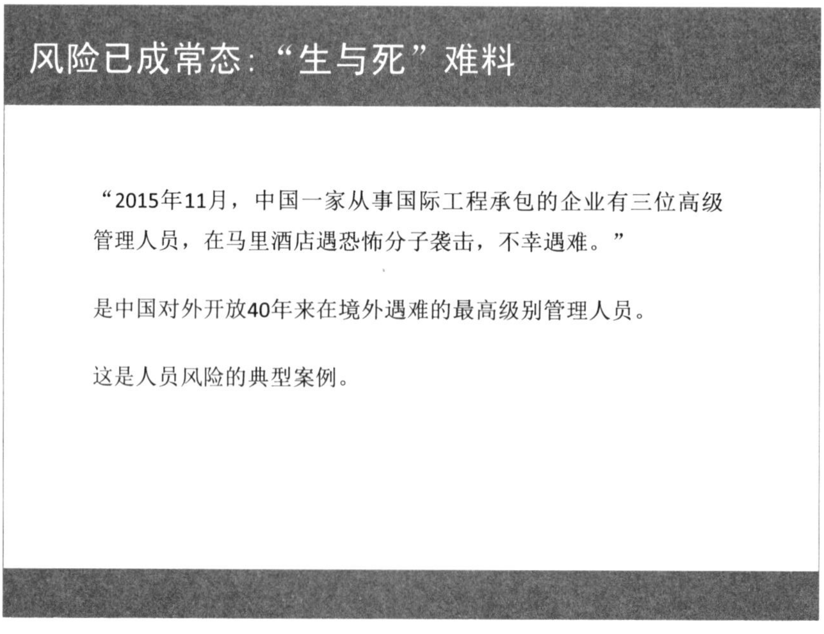

案例一：这个是生死难料的案例。2015 年 11 月，中国一家从事国际工程承包的企业有三位高级管理人员，在马里酒店遇袭，不幸遇难，这是我们中国企业改革开放 40 年来在境外遇难的最高级别的管理人员。

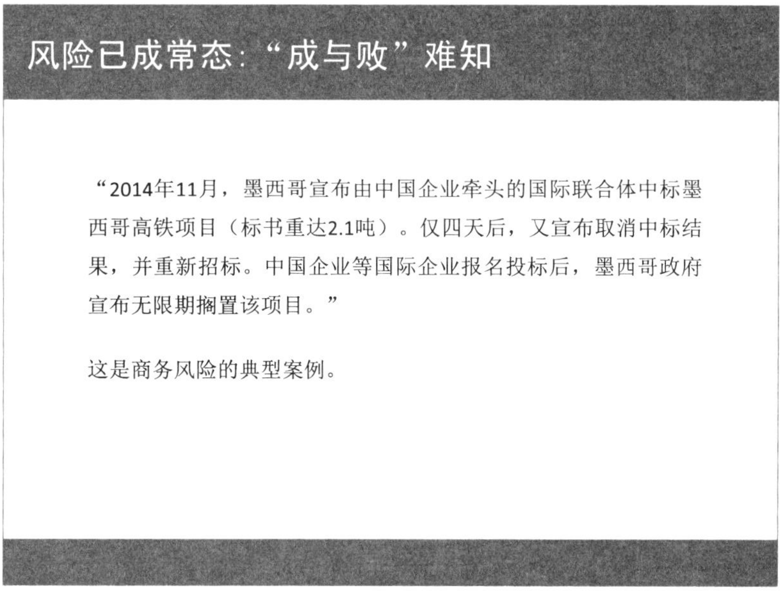

案例二：2014 年 11 月，中国企业牵头参与墨西哥的高铁项目的投标，中国企业做了认真的准备，仅标书重量就达 2 吨多。中标之后，墨西哥政府又宣布取消中标结果，并且重新招标。之后中国企业等其他国际企业再次报名投标，墨西哥政府宣布无限期搁置该项目。这是一个典型的商务风险案例，也就是说国际工程承包成与败很难知晓。

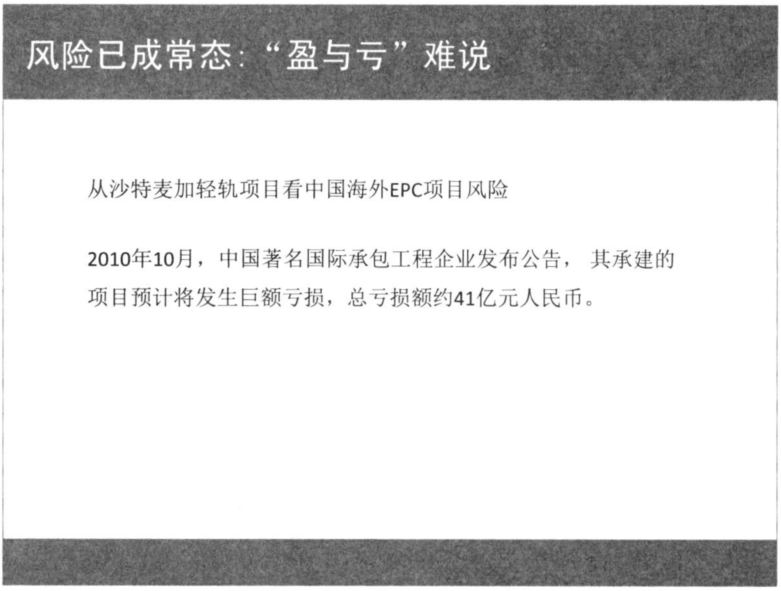

案例三：沙特的麦加轻轨项目，从这个项目看中国在海外工程总承包（EPC）项目的风险。2010 年 10 月中国某著名国际承包工程企业发布公告，称其承建的项目预计将发生巨额亏损，总亏损额预计将达到 41 亿元人民币。

上面列举这三个典型的例子，主要是国有企业、大型企业在国际承包工程当中遇到的典型风险案例。中小企业，特别是国际承包工程当中的上下游产业链的企业，遇到的风险可能还会更多。

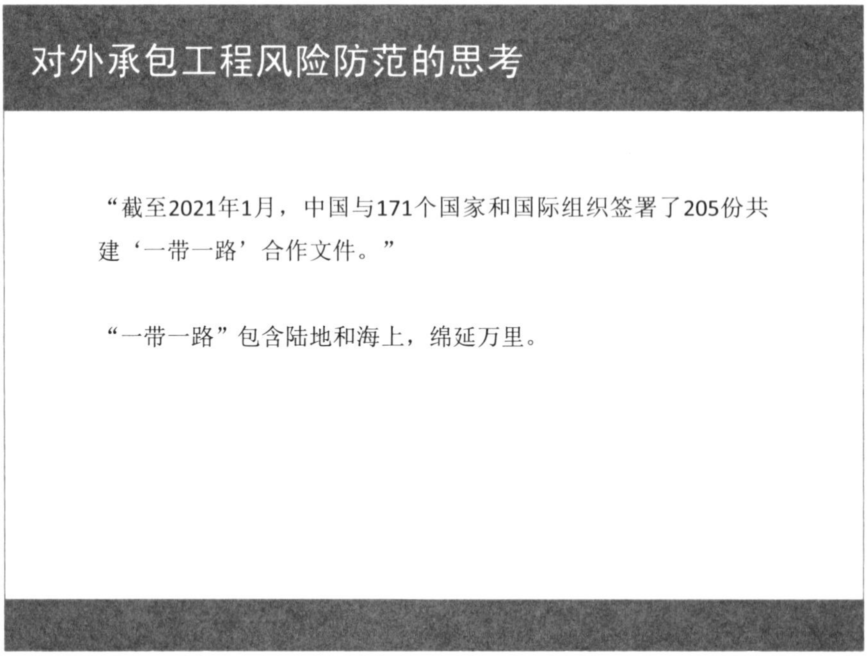

截至 2021 年 1 月，中国已经与 171 个国家和国际组织签署了 205 份共建“一带一路”的合作文件，“一带一路”包括陆地和海上，绵延万里，这么多国家、不同的地区由于历史、文化、宗教、体制的不同会面临各种各样的风险。

中国俗话说夜长梦多、河长滩多，路长弯多。

很多风险有的可知，有的不可知；有的可控、有的不可控；有的刚开始不可知不可控，经过一年或者几年，或者经过一段时间的努力，争取由不可知、不可控，逐步变为可知和可控。在这个过程中，大型企业有专业的风控团队，对中小企业、民营企业以及上下游产业链的企业来说，可以借力第三方提供的专业服务，来逐步实现风险可知又可控，逐步实现把风险控制在可控的范围内。

去哪个国家？从事什么行业？经营什么商品？这是从事国际业务的公司老板日夜思考的事。下面我列举四点我工作当中的体会，供大家参考。

1. 结合现在国际市场的环境，我们的企业决策思路是不一定要争取最好，而是要确保不差。

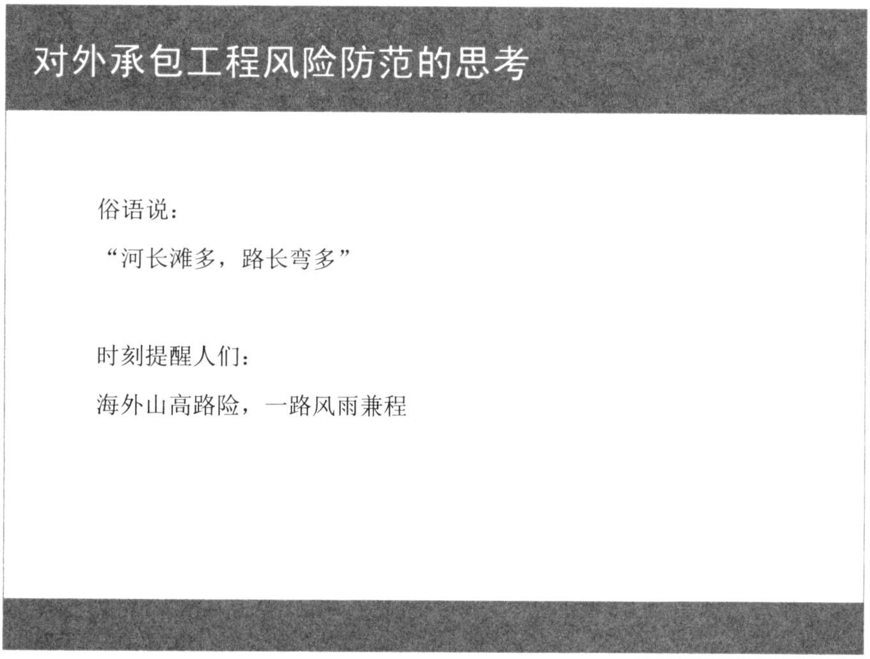

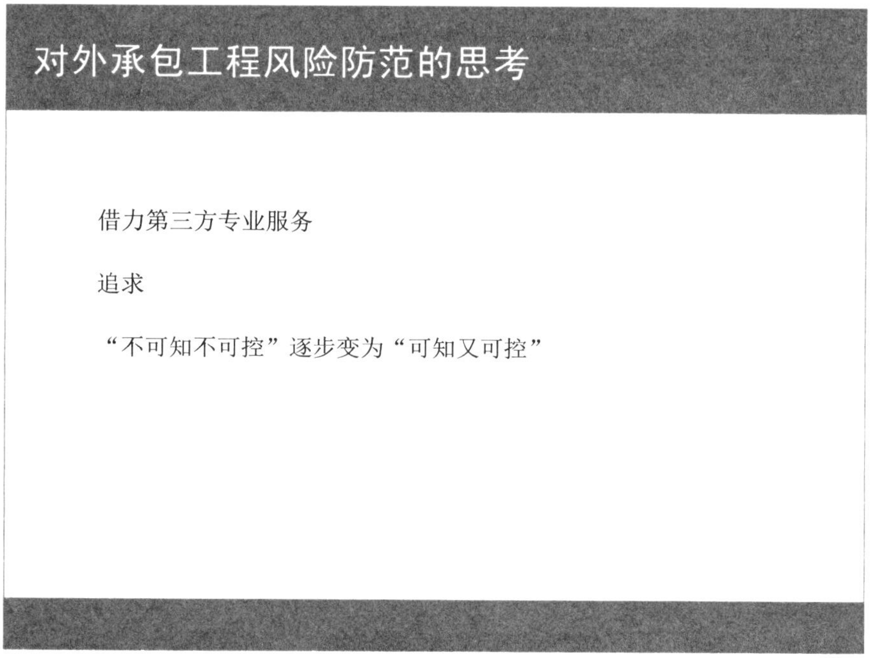

2. 安全性第一，流动性第二，效益性第三。

3. 在项目谈判签约过程中，商务风险大于经济风险，经济风险主要是说多和少，商务风险主要在于有和无。

4. 国际工程业务“一把钥匙开一把锁”，就是说你在这个地方取得的经验，或者说今年取得的经验，在另外一个地方、另一个时间极有可能不管用。在这种情况下，如果

对外承包工程风险防范的思考

去哪个国家？从事什么行业？经营什么商品？
是从事国际业务的公司老板日夜思考的事。
以下体会仅供参考：

1. 决策的思路不一定争取最好，而是确保不差。
2. 安全性第一，流动性第二，效益性第三。
3. 商务风险大于经济风险。
4. 国际业务“一把钥匙开一把锁”，寻求不到捷径也争取少走弯路。

寻求不到捷径，也要争取少走弯路。因为国际工程业务当中有很多情况是不仅教训不能复制、经验也不能复制，而且特别刻骨铭心的是，很多教训、很多失误都是重复出现的。

对外承包工程风险防范的思考

在以上措施都不能保证的情况下，

保险就是确保你不至于血本无归的最后的底线。

上面提到的四点建议，我们的企业在实施过程中，如果以上这些措施都不能保证这个项目能够保本、能够继续运行，那么保险就是确保你不至于血本无归的最后底线。

谢谢大家！

演讲人：吴万良（对外经济贸易大学“一带一路”PPP 研究中心研究员）

4.4 充分发挥对外投资综合服务优势，助力中国企业应对海外投资风险

尊敬的各位嘉宾，下午好！我今天演讲的题目是“充分发挥对外投资综合服务优势，助力中国企业应对海外投资风险”。主要讲三个方面内容：1. 对外投资的现状；2. 我们的观察；3. 展望。

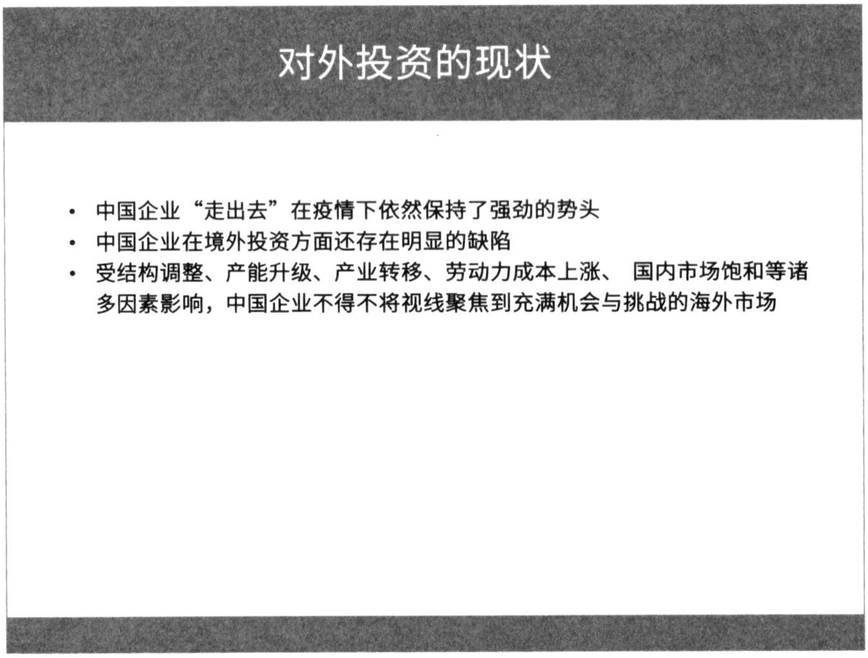

一、对外投资的现状

根据商务部公布的 2020 年中国对外非金融类直接投资统计，在疫情下中国企业“走出去”依然保持着强劲的势头，同比仅下降 0.4%。[①] 同时，我们也看到中国企业在境外投资并非处于较高的水平，国际投资能力还存在明显的缺陷，特别是民营企业、中小企业。国际市场对它们来讲还是陌生的，它们更习惯于在国内市场应用国内的规则打交道，人才队伍也是适应国内发展。

受结构调整、产能升级、产业转移、劳动力成本上涨、国内市场饱和等诸多因素的影响，中国企业不得不将视线越来越多地聚集到充满机会和挑战的海外市场，但是中国企业“走出去”首先面临的是缺信息、缺人脉、缺人才、缺融资、缺全球救援、缺风

① 数据来源：商务部 2021 年 1 月 21 日例行新闻发布会。

险管控的“六缺”窘境。

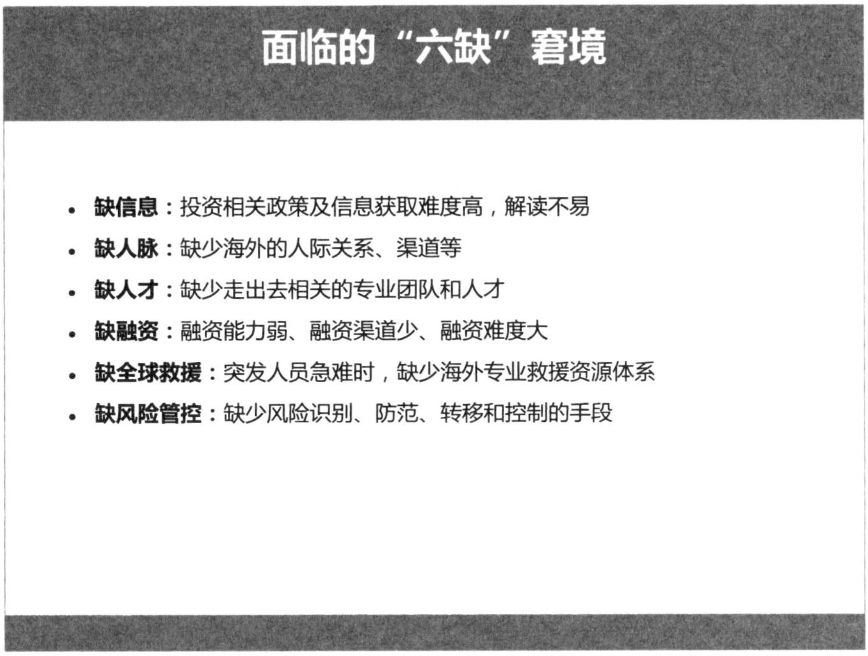

简单地说，缺信息就是投资相关的政策及信息解读不易、获取精准的商业信息难度高。缺人脉就是缺少海外的人际关系渠道，在遇到事情的时候不容易找到能够帮助你的当地人。缺人才就是缺少熟悉国际市场、国际规则，可以担当走出去责任的专业团队和人才，外语人才也是非常缺乏。缺融资就是缺少融资渠道，特别是境外融资渠道和方法。缺全球救援就是遇到突发人员急难时，缺少海外专业救援资源和体系。缺风险管控就是缺少风险识别意识和工具、风险策略和转移的思路方案和资源，所面临的风险常常处于自然的暴露状态，风险后果可能是非常严重甚至致命的。

这种复杂的国际环境和新冠肺炎疫情叠加的影响巨大。中国企业“走出去”，特别是疫情以来面临的形势和环境是前所未有的，去年暴发的新冠肺炎疫情已经造成 1.7 亿多人感染，380 多万人死亡。全球经济衰退，保护主义、民粹主义盛行，全球化倒退，也使得中国企业在对外投资方面变得极为复杂和不确定。

在这种情况下，中国企业“走出去”的“六缺”窘境不是减轻了，而是更加严重了，企业面临的风险环境更加复杂，处理的成本也增加了。最突出的就是由美国挑起中美贸易摩擦持续、单边主义和逆全球化的思潮以及美元持续放水所带来的通货膨胀，使得国际经济、政治环境复杂多变，企业自身难以精确分析把握，企业“走出去”也变得更加艰难。而新冠肺炎疫情的持续蔓延，加速了全球产业链、供应链、创新链的重构，加大了中国企业“走出去”的各种风险。

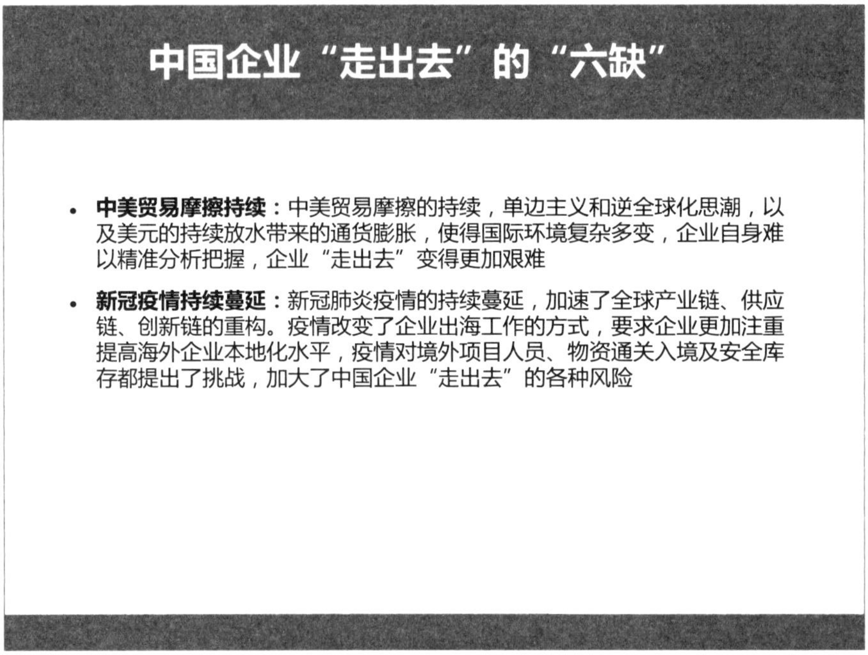

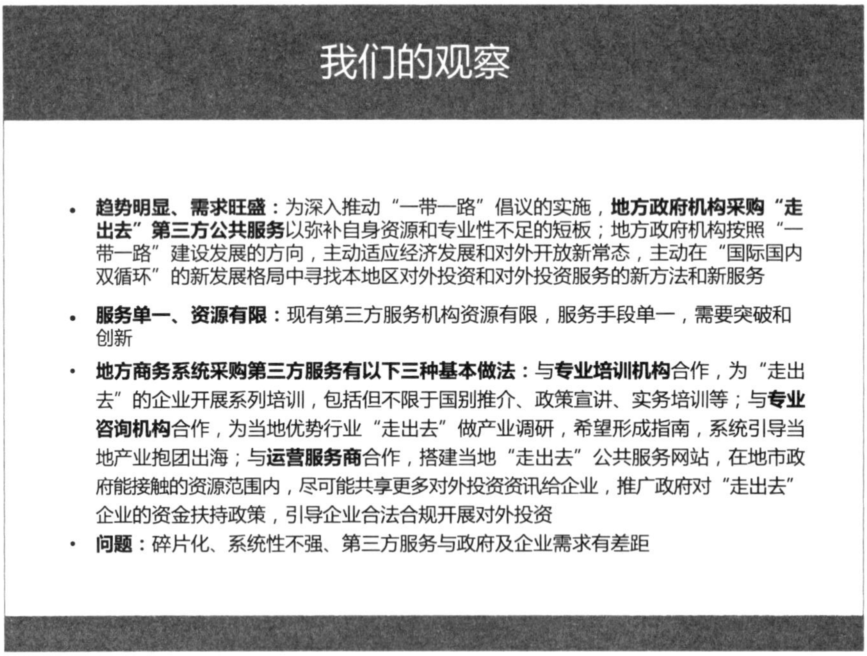

二、我们的观察

在这种环境下，为深入推动“一带一路”倡议的实施，国内各级地方政府还是认真应对、积极作为的，采取了采购“走出去”第三方公共服务，以弥补自身资源和专业性不足的短板。虽然这种趋势比较明显，需求旺盛，但是目前现有的第三方服务机构资源有限，服务手段单一，急需突破和创新。在最近几年我们观察到以下一些现象：

近年来，地方政府按照“一带一路”倡议的发展方向主动适应经济发展的新常态和对外开放的常态化，在国际国内“双循环”的新发展格局中寻找本地区对外投资和对外投资服务的新方法和新服务。同时基于当前“走出去”大趋势以及企业面临的严重的挑战，地方政府越来越注重对中资企业境外利益的保护，注重帮助“走出去”的企业提高风险识别、安全保障、纠纷化解的意识和能力。根据已经“走出去”的中资企业的不同需求，联合第三方服务机构，致力于帮助企业了解和掌握国外投资的政策，防范境外安全风险，增强企业在新的挑战中、跨国经营中的水平和风险防范的应对能力。目前地方商务系统采购的第三方服务有以下三种基本做法：

第一种，与专业培训机构合作，为“走出去”的企业开展系列培训，包括但不限于国别推介、政策宣讲、实务培训。

第二种，与专业的咨询机构合作，为当地的优势行业“走出去”做产业调研，形成指南，系统引导当地产业抱团出海。

第三种，与运营服务商合作，搭建当地“走出去”公共服务网站，在所在地的地方政府能够接触的资源范围内，尽可能共享更多对外投资企业的资讯，推广政府对“走出去”企业的资金扶持政策，引导企业合法合规开展对外合作。

但是在实施的过程中也遇到一些发展中的问题：

1. 长期从事对外投资服务的机构数量有限，且专业性受限，打通国内国际的能力有限。

2. 企业和地方政府的需求呈碎片化，第三方服务的采购项目不能有机整合，系统性不强。

3. 服务机构的顶层设计和综合咨询能力比较弱，偏向单个项目的采购和实施。

4. 服务机构和地方政府还不能及时地了解企业“走出去”的动态和实际想法，更好地为这些企业服务。把去碎片化的需求连接起来，有效地解决企业的“六缺”问题，与地方政府成为“走出去”公共服务较理想的智囊、智库的目标还有相当的距离。

这对地方政府、第三方的服务机构和“走出去”的企业的确都形成了较大的挑战，可喜的是我们在 2020 年看到，江苏省商务厅、广东省商务厅不约而同地选择了线上线下相结合的第三方“走出去”的综合服务模式，作为他们应对疫情对“走出去”公共服务挑战的具体措施。江苏省的项目名称叫“江苏省对外投资企业服务项目”，为 3 000 家江苏“走出去”的企业开通为期一年的对外投资综合资讯服务，开展企业“走出去”信息采集工作，对重点企业上门提供对外投资服务资源对接，组织“走出去”实务培训。广东省的项目名称是“广东省商务厅对外投资服务及境外风险防范综合服务项目”。主要为不少于 1 000 家的企业开通为期一年的对外投资资讯服务，为不少于

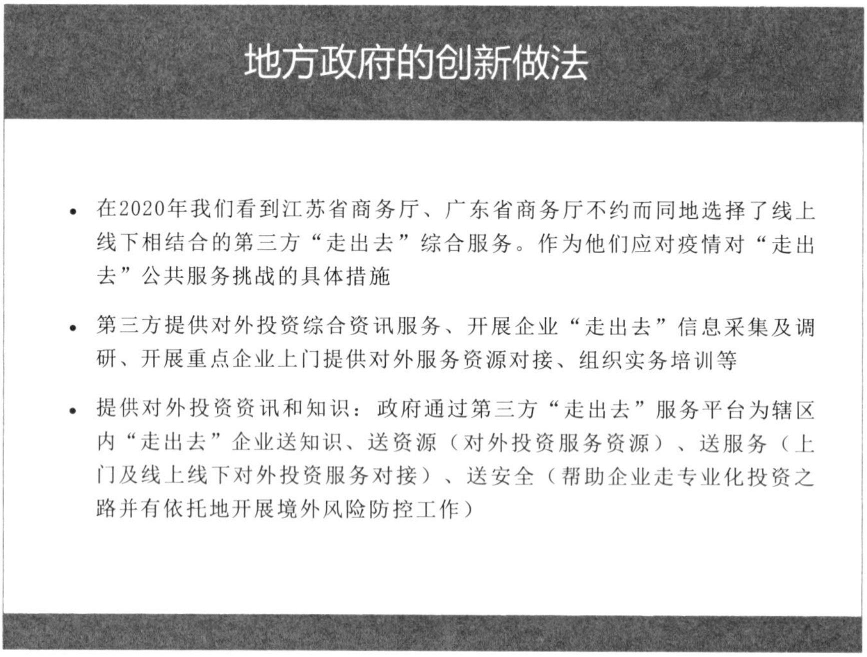

100 家重点企业提供上门对外投资对接帮助；组织不少于 10 场对外投资服务促进活动，他们将项目简称为千百十专项服务项目，成为广东省政府 2021 年关注的工作之一。据介绍，他们还面向企业开展“走出去”服务需求反馈专项调研，给企业派发境外人员安全手册，等等。

政府通过第三方“走出去”服务平台，为辖区内“走出去”的企业送知识、送资源、送服务、送安全等工作，这种做法如果长期坚持下去，还是有较强的综合性和创新性的，也比较接地气。据我的判断，只要实施工作到位，企业和政府是会有很强的获得感的。我们可以一起观察他们的实施效果，并且应当鼓励并支持政府第三方“走出去”公共服务采购和实施模式的创新。

三、展望

“一带一路”对外投资和服务发展方向展望：

第一，大力采用互联网技术建设对外投资综合服务平台。一是广泛汇集全球对外投资目的地的投资服务资源。二是有效降低企业获取对外投资目的地本地化服务的成本。

第二，提升对外投资综合服务能力。一是要能够充分满足企业“走出去”多样化、随时变化、碎片化的服务需求。二是要能够支撑政府“走出去”的公共服务的专业性、集成性和深度咨询的需要。

第三，要线上线下相结合，既能提供 7×24 小时 365 天无休的线上自助服务，也能提供一对一、一对多的境外投资咨询海外商务考察及服务资源对接，专项辅导等线下的

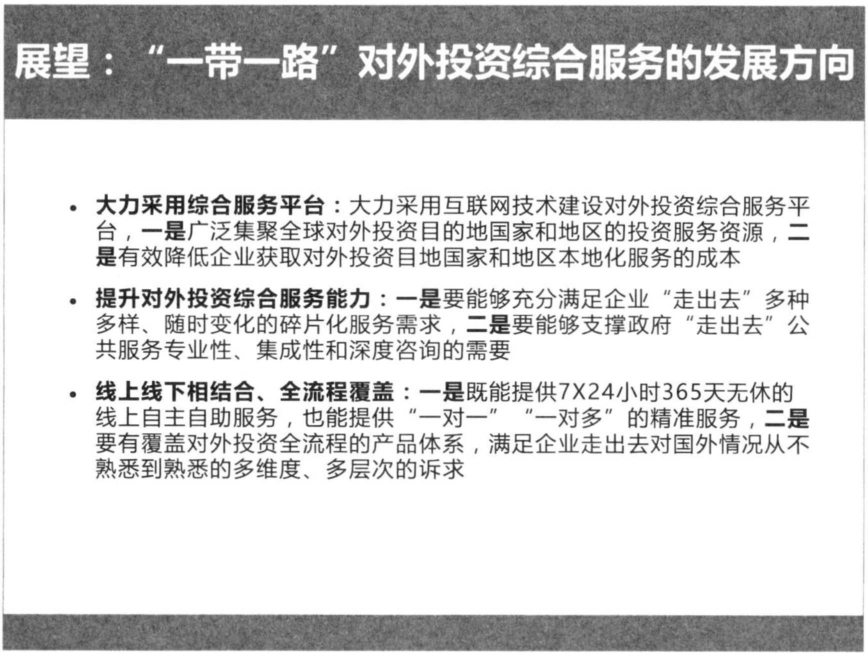

精准服务。要有覆盖对外投资全流程的服务产品体系，满足企业"走出去"对国外情况从不熟悉到熟悉的多维度、多层次诉求，例如境外投资备案、境外公司注册、境外园区入驻、境外劳动用工、境外知识产权、境外风险分析报告，等等。

最后，我认为尽管目前遇到了疫情和国际环境变化的诸多不利影响，中国企业对外投资"走出去"是不可阻挡的潮流，刚才沈主席也强调了这点。目前很多中资企业都在谋划后疫情时代"走出去"对外投资战略，因为疫情造成了巨大的困难的同时也孕育着巨大的商机，所以中国企业"走出去"大有可为，中国企业"走出去"也呼唤高质量的中国服务，中国的服务也是大有可为的。

谢谢！

演讲人：马社（中国企业"走出去"风险发布会专家）

第 5 部分

“驻华使馆、境外园区与企业面对面”圆桌对话

主持人：这里是中国企业“走出去”对外投资服务论坛。很多时候我们对于困难、对于需求、对于我们要给别人提供的帮助是想当然的，总是我认为你需要什么。所以这个时候对话就很重要，接下来就是通过一个圆桌对话的形式来让驻华使馆、境外园区和企业面对面地交流，大家开诚布公地谈一谈我需要什么、我又能够提供什么。这个环节的 7 位对话嘉宾分别是：

墨西哥驻华商务参赞　圣地亚哥·托莱多

中兴通讯股份有限公司海外融资总监　孙航宇

坦桑尼亚驻华商务参赞　卢瑟卡罗·格瓦萨

凤凰卫视“龙行天下”节目总策划　张晓文

中埃·泰达苏伊士经贸合作区招商高级总监　曹慧

优投网副总经理　窦锴

东方雨虹销售经理　白雪

主持人：本次圆桌讨论将分为两个环节，第一个环节我们将集中谈一谈疫情时期中国企业“走出去”会面临很多困难，各方都在提供什么样的帮助，都在做着什么样的努力？

圣地亚哥·托莱多：非常感谢你的邀请，我们一直说跟中国有一个非常紧密的联系，虽然墨西哥离美国很近。很多拉丁美洲的国家（包括我们墨西哥）都在忙于应对疫情，我们在采购个人防护用品等方面，中国政府都给予了我们协助和帮助。墨西哥也是中国以外的世界上第一个接收到中国疫苗的国家，我们只在几周之内就收到了中国的疫苗，并且已开始接种。这些协助和帮助也加深了墨西哥和中国之间的互信，也让我们彼此更加地了解、更加地信任。

面对对外投资当中所遇到的风险，我想提的是我们必须找到当地的合作伙伴，比如墨西哥向中国投资的话，我们需要中国当地的合作伙伴，因为他们懂中国的语言、懂中国的文化和法律，等等。在决策过程当中我们需要有熟悉当地环境的成员帮助我们作出更加明确的决策，并且他也是一座桥梁，一个纽带，来帮助我们建立和中国政府、中国雇主之间的联系。比如在投资端，需要到哪里投资，我们需要哪些协助和支持。在墨西哥有很多在那里运营的中国企业，也有很多在那里工作的中国员工。如果他们想在墨西哥有更好、更加顺畅的企业运营和发展的话，他们也需要当地的合作伙伴，也需要了解当地的法律和人脉关系。

主持人：下一位我想邀请卢瑟卡罗·格瓦萨商务参赞给我们讲一讲他的看法和洞

见。请您谈谈坦桑尼亚有什么样的政策和措施来帮助企业走出去。

卢瑟卡罗·格瓦萨：感谢给我这样一个机会，感谢组委会给我的邀请。就像你说的那样，我来自坦桑尼亚，坦桑尼亚是世界上，尤其是在非洲非常著名、非常漂亮的一个国家。关注于今天的主题，我会说坦桑尼亚就像其他国家一样，我们也面临着很多挑战，比如说新冠肺炎疫情的挑战，我们会竭尽全力在中国政府的协助之下，以及其他同道国家的协助之下，来更好地应对疫情。就像刚才这些教授、学术人士所讲的一样，新冠肺炎疫情是一个风险，但是它也可能蕴藏着很多机会，在我的国家，就蕴藏着很多机会，我们也从中国采购了很多个人防护用品来帮助我们防控疫情和管控疫情。在坦桑尼亚和中国之间，我们有贸易往来、有经贸往来，作为一个国家来讲，我们是友国，并且也是经贸伙伴，我们也欢迎中国的企业来到坦桑尼亚进行投资，并且和我们共同建设这个国家。谢谢。

主持人：接下来我想听听泰达的曹总，作为园区方的代表，在为园区内已经进驻的中国企业，尤其是有意向进来的企业，如何给他们提供保障？尤其在疫情肆虐的当下。

曹慧：各位嘉宾下午好，非常感谢主办方的邀请，很荣幸参加这次活动，泰达园区作为国家级的境外经贸合作区到今年已经经过 20 多年的历程，在去年新冠肺炎疫情暴发之后，我们园区主要是围绕着以下五个方面的工作为已经入区的企业以及即将入区的企业提供优质的服务：

第一，搭建政策沟通的平台。疫情暴发以后，我们园区第一时间成立了防疫指挥办，按照国内的防疫经验，制定防疫措施，配合企业完成复工复产的工作。同时，我们借助已经建立的政府之间的磋商机制，与当地政府进行密切的沟通，为企业提供更加便利的政务服务，保证企业对外部的风险做到规避和降低。

第二，着力打造园区的设施联通平台。在去年疫情期间，包括今年我们进一步加强了园区的基础设施建设，也兴建了一批标准化的厂房，给企业提供更优质的硬件服务，并实现区域内以及区域外的设施联通。同时我们也在打造一站式的全流程的软件服务，帮助企业做好从投资考察到公司注册，到各种手续办理，到后期的人员招聘，包括物流清关一站式的服务。

第三，架设贸易畅通的平台。我们力争将园区打造成一个国际营销公共服务平台，依托现有的保税仓，为园区企业提供商品的展览展示、保税仓储服务。在疫情的冲击下，很多企业在供应链，包括物流、清关，包括仓储方面的压力是比较大的，我们利用好园区的保税仓平台，为企业切实地解决了一些实际的问题。

第四，打通融资服务的平台。很多企业，尤其是中小企业“走出去”面临很大的问题，就是融资难，在国内其实也同样面临这个问题，但是在海外可能这个问题就会更加严重。我们是联合当地的金融机构，包括国际的机构，采取像融资租赁、买方信贷一些创新性的融资模式，为企业在当地实际解决融资的困难。

第五，搭建民心相通的平台。在疫情暴发之后，我们园区 102 家企业作为一个联合体，除了做好自己的防疫本身，还为当地政府机构、民间、社团组织提供力所能及的帮助，包括捐献了口罩、医疗物资等，进一步提升了企业在当地的知名度，包括影响力。同时我们也结合园区已经在做的，一个是埃及鲁班工坊的项目，包括援埃的技术培训学校，这两个项目，为埃及当地提供了更多的培训，以及为入区企业提供专业化的人员培训，为当地解决很多的实际问题，增进了人文交流。虽然说在疫情冲击之下困难重重，但是我们迎难而上，在去年我们整体的招商业绩还是非常喜人的，也是创造了一个历史的佳绩，我们在今年也是围绕重点的龙头企业，围绕企业的供应链上下游展开精准的招商，也欢迎有意向到埃及投资，开拓欧洲、美国市场的企业考察合作区。

谢谢。

主持人：非常感谢曹总，这有宾至如归的感觉。刚才我们听到了两位参赞代表政府方面的表态，以及园区方面的代表，其实他们都是：我能提供什么、我能给大家什么，这当中有没有不需要的，有没有不够的？我说不好使，我们来听听需求方的感受，接下来请我们请企业代表站在企业的层面上谈谈有哪些是我不需要的，有哪些是我很需要，但是还没有享受到的服务。接下来请中兴国际的孙总站在企业的角度谈谈出去以后还有哪些迫切需要得到的帮助？

孙航宇：感谢主办方，感谢大家，很荣幸能够参加今天的论坛，也是契合今天风险的主题，仅代表个人观点，我简单说两个运营业务维度上的小意见。

第一，关于操作风险的缓释和降低。疫情之下，企业“走出去”在海外实际上相比于平常时期更要加强企业与企业之间、企业与金融机构之间、企业与使馆和商会，包括贸促会之间的互助机制，另外一个就是要加强企业与当地政府、当地医疗机构之间的沟通，以及合作机制，保证员工或者是人员一旦出现了突发情况，我们是有办法解决的，以此来直面疫情给我们带来的冲击，去降低我们的操作风险，也是增加我们的运营弹性。

第二，所面临的信用风险以及流动性风险。刚刚曹总也说，我们要加强企业和金融机构之间的进一步合作，我们中资企业“走出去”，现在其实更多还是利用了中资的金融资源，包括上午有领导也在这儿讲信用保险公司，包括有国字号背景的进出口银行也好，开发银行也好，当然这是必要的，同时也要加强企业在当地与当地金融资源的互动机制，以此来增强我们的融资能力，扩展融资渠道，也算是对我们的运营起到支撑作用，来缓释我们所面临的信用风险、流动性风险，从而增加我们企业在海外的竞争优势。

主持人：好，谢谢孙总。接下来想听听东方雨虹的白雪总的观点，企业在外面遇到了哪些困难是可以跟对方提出要求的。

白雪：谢谢主持人。我们东方雨虹是一个供应商企业，我们这种类型的企业顺应“走出去”的时代要求，也是借助中资在外的建筑型企业来实现“走出去”的目标。受疫情影响，海外项目工程开展是很困难的，普遍地周期都会延长，这种情况下，作为生产型企业，对于我们来说困难的一面可能就是现金流的问题。因为受疫情影响，项目周期在被延长的前提下，我们也存在资金占用的情况，对我们的企业也是有一定的影响。同时，作为大型的民营企业，我们也有自己规避风险的手段，当然我们也是希望能够在资金方面得到各方的支持。

主持人：谢谢白雪总，接下来想采访一下晓文总，作为媒体人的视角，我看到您的节目《龙行天下》，尤其在疫情当前，人员流动受到的阻碍可能是最大的，包括在很多园区当中也存在这个问题，园区之内的疫情防控做得非常好，测体温、戴口罩，但是工人出了园区大门就把口罩摘了，回家该团聚团聚、该出去娱乐就出去娱乐，因此园区内部的疫情防控效果就会大打折扣，您从媒体的角度来看，对园区也好，对所在国的政府也好，如何为这些企业提供帮助？

张晓文：谢谢主持人，谢谢主办方邀请我参加今天的活动，刚才您提的问题对于我来讲都会回归到本地化的问题，因为任何的中国园区在海外投资的过程当中，它都不是独立存在的，它是存在于当地的东道国的社区、这样的国家里面。怎样去非常清楚而准确地知道在这个国家当中正在发生哪些事情？当地的文化是什么样的？大家怎么样来应对目前正在发生的疫情？也就是说从现实的角度去考虑投资正在面临的现状，这是最重要的事情，这是我从媒体的角度观察的。

其实凤凰卫视的《龙行天下》节目从 2016 年开播到现在，我们已经去了 80 个国家，拍了大概 300 多个中国企业在海外投资，还有中国政府在海外参加国际合作的案例。案例的意思是说我们不是聚焦在某一个企业上，而是我们聚焦在不同形式的投资的行为，在不同的地区产生的不同的影响力，就是用这样的一个框架去做这样的一个研究。在疫情的过程当中，其实我们媒体行业也会受到很大的影响，比方说海外的拍摄受限什么的，但是在这个过程里，我们梳理了一下企业、园区、使馆的要求之后，我们发现有三样东西我们是可以做的：

1. 先修内功。先看看国别指引，就是刚才讲的本地的部分，这个市场到底是什么样子？这里的文化、这里的社区，他们对于中国的投资者的需求到底是什么？包括识别风险和机会。

2. 我们做了一个产业指引，产业指引是说在不同的国家当中，比如说在墨西哥的制造业我们去拍摄，比如在坦桑尼亚的卫生合作、农业合作方面，我们也做了很多的研究，他们都需要什么？从企业的角度，刚才孙总也有提到，还有泰达的曹总提到的，其实这两个公司我们也都有关注他们在海外的投资，在他们的海外投资中有一些需要跟政府之间保持更好的有效的互动，有一些反而是要更加地去依赖与社区之间更好的互动，也就是在企业投资的过程当中，怎么样能够更好地利用当地的资源，这方面其实我们也做了一些研究。

3. 回到媒体的老本行，还是讲“中国故事”的国际传播，在国际传播角度方面，我们发现，很多的中国企业在海外投资的过程当中，仍然还是中国人的投资思维，只是自己在做，除非是不得已有一些公共危机产生的过程里面，才主动地与当地的社区和媒体打交道。其实在过去这一年半的时间里面，我们也在做大量的倡导活动和一些培训，去帮助这些企业更多地了解什么样子的技巧能够在他们和社区，还有在他们和当地的这些利益相关方之间，建立一个相对来讲更和谐的关系，这是我们在过去做的事。谢谢。

主持人：谢谢晓文总，一个非常特别的角度，我们一直在强调这两张皮如何能贴得更紧密，但是问题是应该把它变成一张皮，真正融进去，用当地的思维和方法来解决问题，其实没有那么难。接下来我们来听一听优投网的窦总，作为专业提供帮助的机构，在这个过程当中你们有哪些经验或者梳理出来的好的心得可以分享。

窦锴：各位嘉宾，优投网以及新浪网的各位观众，大家下午好！很荣幸有机会代表优投网在这儿分享我们近五年服务中国企业“走出去”的心得体会。疫情的发生，加剧了我们企业“走出去”的困难，跟刚才开幕式上沈董事长讲的一样，“六缺”的窘境使中国企业“走出去”意愿现在更强了。在此情况下，中国政府有关部门、企业，包括专门做第三方服务的综合服务商，都呈现出不同程度焦灼的状态。企业感到很无助：在人员出不去的情况下，我们还很着急出去投资，怎么办？政府也感觉无力：我们想服务辖区内的企业，履行我的公共服务职责，但是在这种态势下，有心无力；第三方服务商很无奈：整个疫情导致的结构性暂停，第三方服务商没有客户，非常无奈。在这种情况下，我们觉得整个互联网科技 24 小时在线咨询+线下服务的方式，能够有效地解决这个问题。而优投网就是这样一个平台，我们建立这个平台的初衷就是有投必帮，帮助我们的中国企业“走出去”。我们用互联网科技的手段，把与对外投资相关的企业单位、境外服务商，包括园区、驻华使馆，把这些要素全部链接起来，形成一个全要素的对外投资服务的生态，借助这个生态有效地去防控目前的疫情之下，包括疫情没有发生之前，企业所面临的投资困境。

为什么说优投平台能去做这件事？我觉得我要把它总结为“四有”：

1. 我们平台有功能。这个我不做赘述，因为我们本身就是一个先进的跨境电商平台，我们有先进的架构和大数据分析的技术，有这个技术能力。

2. 我们有资源。像我刚才讲的，我们平台有 1 200 多家合作园区，包括在座的曹总也是我们的合作伙伴，我们有 107 家驻华使馆单位，有 1 100 多家境外服务商，这是我们的背后服务依托。我们有上万家企业单位会员，就是因为有这样的境外资源才构成了第三点。

3. 我们有服务能力。我们依托我们的整个全资源，能提供对外投资服务全流程的全方位服务，包括会计审计、人力资源、公共关系、园区入驻、风险管理、国际救援，我们的宗旨就是企业在投资过程中出现什么问题我们平台都要想方设法解决。

4. 我们有产品。对外投资服务是非常复杂的事，凭单个机构或者单个资源，哪怕单个服务或者单个产品都很难解决它个性化、碎片化的需求。我们平台也是在逐步地丰富我们的全流程、全体系的产品体系，在最初我们是搭建了解决信息缺乏问题的服务清单，刚才讲过了，江苏和广东商务厅都采购了我们的服务清单，解决辖区内企业的信息需求。针对国内的企业备案需求，我们把个性化的服务产品化，形成我们的 ODA 产品。我们也在梳理我们的园区入驻流程，包括境外公司注册，以及视频咨询，我们正在逐步推出一系列的产品，这样能有效地降低企业对外投资成本。也敬请各位关注。

谢谢主持人。

主持人：谢谢窦总。刚刚进行了第一轮的交流，《道德经》中有一句话叫“用其光，复归其明。”我们说“光明”这个词，光是向外照耀，明是向内透亮。第一轮讨论的主要是借外力的关系，第二轮我们来说说内求，我们修炼内功，就是内部要怎么做，企业自身要如何做，乘风破浪，你可以先乘风，但是浪要自己破。第二轮探讨一下在当前的背景之下，尤其说 2021 年的三四季度中国企业要“走出去”的话有哪些需要自身做的，给自己提一个醒，也给同行提一个醒，这一轮讨论从企业界代表开始。白雪总代表东方雨虹说一说你们企业有什么打算或者企业有什么样的经验分享。

白雪：谢谢主持人，我们作为一个生产型的民营企业，在顺应着“走出去”的时代要求发展。作为一个生产型企业，首先我们在品牌上做努力。生产型企业做的就是品牌的产品，在品牌的品控上我们会做到极致，做好自己的品牌，企业要寻求发展，当然也离不开创新，东方雨虹每年在研发新产品上会投入大量的资金，不断研发、开发新的产品。所以在以上两个方面不断开发、努力。随着“走出去”的企业越来越多，像我们这种企业也是借船出海，能够不断地在海外市场的影响下做大自己的海外规模。目前东方雨虹在海外的销售已覆盖 120 多个国家，我们也是在不断地深耕这些合作过的国家、企业。

在这个基础上，我们也在不断地扩大自己的生产实力、生产能力，目前东方雨虹已经有 50 多个生产工厂，已投产的有 30 多家，在建的也有 20 多家，目的就是为了满足以后海外市场需求的暴发式增长，因为毕竟“走出去”的势头还是不可阻挡的。

其次，在供应链方面，东方雨虹拥有自己的物流团队，这也是在规避在海外出口方面的风险，不断规避各个节点的风险。

我能想到的目前只有这些，谢谢主持人。

主持人：谢谢白雪总，也希望未来我们的同行都能像你们公司的名字一样，来自东方的力量，会让大家雨后见到彩虹，会战胜眼前暂时的困难。接下来采访一下中兴国际的孙总，来说一说对于你们企业来说内部需要修炼的、需要调整的、需要适应的是什么？

孙航宇：我还是仅代表我个人发表三个个人观点：

第一点，合规。在海外我觉得这是最重要的。要强化合规管控意识，主动学会用合规保护自己。

第二点，风险管控。企业在不同的区域，新的环境、陌生环境做投资之前要做好各方面的尽职调查，不光是市场风险、财务风险，也包括人文、地理等方面风险。

第三点，加深本地的运营机制。要了解本地的政治背景、商业规则、法律体系，包括它的文化、它的人文，等等，尤其是要加强中国人到本地，融入本地文化，以及将本地文化带到中国企业的机制，这样才能保证企业在本地运行的效率。

主持人：谢谢孙总，还是做功课、做功课、做功课，重要的事情说三遍，其实就像窦总去年交流过的，对于很多优投的客户来说，他们往往是在出海第一轮遇挫，回来之后找到优投网说我出现这样那样的问题，很不顺利，后来发现问题出在哪儿？往往很多出海决策的信息，对当地的了解来自网络搜索。这个地方的法律是什么样、投资环境怎么样、当地的劳动力是不是充沛、工资高不高、自然环境怎么样，都来自网络的搜索。

去了以后傻眼了，发现根本不是那么回事，回来之后才想起要做更加深入的、扎实的调查，哪怕是先过去看一看了解一下，或者是跟专业的投资机构合作才能找到方向，说得是那么复杂，但是犯的都是简单的低级错误。接下来请晓文女士，您去了80多个国家，与成百上千的企业交流过，据您站在媒体的视角观察，做得好的企业的共性是什么？

张晓文：过去几年当中我们看到有很多成功的案例，还有很多不那么成功的案例，并不是因为他们没有努力地做。在做这些投资分析的过程当中，我们发现那些从一开始在投资的期限设置上是一个比较长期可持续经营思维的投资项目，通常都比较容易成功。

过去两年，在疫情影响下，我们和很多使馆，还有他们的经商处，以及很多的企业，还有NGO机构，我们在与他们做座谈、做培训的过程当中就发现，现在企业也许可以尝试转换一下思维，就是关注影响力投资。过去对于很多企业来说，比方说像中兴在欧洲或者是泰达在非洲、在埃及，其实做了很多跟劳工、跟环境、跟社会治理、ESG[①] 方面相关的CSR[②] 项目，也就是我们所说的企业社会责任项目，可是在过去的研究当中，我们发现大家基本上还是把这些在当作捐赠项目做，或者是说一个公益项目做。过去几年里这种状况已经大大地改变了，尤其是在发达国家对发展中国家的投资中，这样的影响力投资形式正在越来越受追捧，也就是说，你投入到与这个社会和这个市场去共建的这些行为当中的这些资本，未来都可以为你这个公司带来一个很好的长期的发展机会。这些是过去几年我们发现很多案例告诉我们的知识。

在具体的落实上，我们从媒体的角度发现，在过去几年有一个很大的缺失，中国企业“走出去”过程里面要么是大量地依赖政府的融资，或者是依赖政府在当地的机构的帮助，缺少与市场、与社区、与当地政府打交道；要么就是企业特别能拼、能闯，像泰达、中兴都是自己冲出一条血路的企业。中兴其实有一个很大的缺失，叫作影响力投资伙伴，在做这些投资的过程当中，如果我们和当地的媒体，或者和当地的投资伙伴、当地的社区、当地的智库，能够更好地结合起来，比方关于技术的服务机构，一方面也许能够从政府的层面影响他们在制定某些针对外商投资或者是针对中国投资的一些更好的政策，能够提升中国的投资环境。从另外一方面来讲，我们怎么样能够客观地从当地的市场需求出发，把我们的资本、我们的技术和我们的实力能够更好地与之相结合，形成一个让对方觉得我们来这儿就是跟他们一起发展这个市场，一起来赚钱，一起寻求一个共同发展的状况。我相信这样的话，现在很多中国企业在海外碰到的越来越多的“挨骂”

① 注：ESG，即环境、社会和公司治理（Environment，Social Responsibility，Corporate Governance）。
② 注：CSR，Corporate Social Responsibility，企业社会责任。

的状况将会有一个非常大的改善。

谢谢主持人。

主持人：确实一个空降兵如何不变成步兵站在地上打的活靶子，就是快速把自己变成一个步兵就好了。我们听听优投网的窦总，一个看过这么多、服务过这么多客户的企业，对他们有什么建议？

窦锴：我觉得虽然疫情形势还是很严峻，但企业仍有可为，我总结为“四要”：

1. 要主动选择“走出去”。这是一个大势，在上午的发布大会上我们也讲到了，“走出去”有这么多风险，但是不走出去才是最大的风险，不能抗拒大势。

2. 要主动认知。“走出去”的风险很多是认知层面没有做到位，所以才导致我们“走出去”最后失败了，因此要主动去认知，企业要通过各种途径去认知，多途径、多渠道认知，但是我们也知道，毕竟凭企业自身的认知是有限的，在超出自身范围外的就要通过借助第三方机构、第三方平台去提高你的认知水平，这样才能提高“走出去”的成功率。

3. 要拥有资源。有的选择有了认知，却没有资源，“走出去”可能成功率不会高，资源在一定程度上决定和影响着“走出去”的成败。所以在这儿做一个广告，优投网，刚才我把资源做了介绍，拥有非常充足的资源。

4. 要分步骤、分阶段地“走出去”。现在的疫情可能还很严峻，这个阶段我们企业就干等着吗？这显然是不行的，我们要做好“走出去”前的充分准备，磨刀不误砍柴工，在这个阶段把“走出去”之前的事都做了，比如说今天我们谈了很多 RCEP，我们是不是把这个 RCEP 规则了解透，把重点的投资区域先核定好，把我们的市场调研和考察做好，把我们国内的备案程序了解好，这样一旦“走出去”这个决定确定以后，环境也允许了，就能加快我们“走出去”的效率，提高我们的进程。

以上是个人的看法，谢谢大家！

主持人：谢谢窦总。第二轮最后的时间我们来听听两位参赞和园区代表对于企业有哪些建议。

圣地亚哥·托莱多：谢谢，再次感谢。首先我希望大家进行探索，并且研究在墨西哥的投资机会。我们的制造业，也有相关的平台，会给大家提供相应的信息。关于北美地区的经济走廊，我们也是有相应的措施和政策的，比如说我们有 5 亿人享受这个经贸协定，我们也有超过 230 亿美元的经贸往来金额，在这些国家之间，比如说墨西哥和美国之间的经贸往来是超过1亿美元的。我们和美国的地理位置非常接近，墨西哥在北美地区拥有最多的自由贸易协定，我们和53个国家都签订了FTA，世界上10%的人口其实占据了世界上60%的经贸总额，我们大使馆可以帮助中国企业更好地做投资前的研究，更好地研究墨西哥各个行业相应的政策和支持措施，以及他们的现状，还有他们具体的需求。

作为外交人员，我也看到在中美之间存在着贸易摩擦，也存在着双边关系的问题。比如美国航空业有很大一部分制造基地是在墨西哥的。在航空领域、民航行业，我们其实有很大的投资潜力，对中国的企业，我想说你们可以多了解这些行业，不仅在北美地区，在整个世界范围内你们都应该看一下。比如像“北美往南走”，中美地区以及南美地区都可以了解了解，那里也有很多很重要的行业市场，那里也有很多很重要的机会。

谢谢大家！

主持人：卢瑟卡罗·格瓦萨参赞有什么相应的洞见呢？

卢瑟卡罗·格瓦萨：坦桑尼亚可以提供四项服务，第一是安全，坦桑尼亚是撒哈拉沙漠以南的非洲国家，是世界上最漂亮的国家之一。我们的安全指数是排在全球60位之前的。第二，我们可以为中国的商品提供巨大的消费市场。我们有600万人口，是这个地区人口非常稠密的国家之一。在整个南撒哈拉非洲地区总共有9 300万人口，我们有很大的消费需求，对于中国商品有非常大的消费潜力。第三，坦桑尼亚对于其他非洲国家是门户一样的存在，可以从坦桑尼亚进驻到其他非洲国家，也可以从其他非洲国家经坦桑尼亚离岸。现在坦桑尼亚也在建设一些经济协定，还有经济便利措施，可以帮助进驻坦桑尼亚的中国企业更好地获取到其他国家的资源和市场。第四，我们还有很多的天然资源，比如农业、矿石，因此我们有相应的科技，我们需要科技型的企业，需要资本型的企业，帮助我们来改变我们的经济结构和行业结构。我们欢迎中国和中国企业进驻到坦桑尼亚。

主持人：感谢卢瑟卡罗·格瓦萨。中国人有一句话叫自助者天助之。下面请教曹慧女士，园区内的这些企业如何寻求帮助，同时自立自强，适应现状，您有什么样的建议？

曹慧：感谢主持人，正如前面几位嘉宾说的，“走出去”势在必行，并不会因为疫情的到来而延缓，我本人是作为园区开发的从业者，多年来从事招商引资的工作，这期间也是跟企业一直在面对面沟通、交流，过程中见有很多成功的案例，也有很多失败的案例，我从个人的角度谈五点建议。

首先，企业一定要有自己清晰的战略，不能为了走出去而走出去，在这方面很多大的企业，像国企、央企可能做得比较好，会有非常清楚的战略，要么是抢占市场，要么是卡位抢占资源，但是很多中小企业可能迫于多方面的原因不得不“走出去”，在这种情况下“走出去”有点被动，但是即便是这种情况，也要做好自己清晰的战略规划，要梳理一下自己手里的资源，我走出去的依托是什么？核心竞争力在哪里？

第二，要做好人才储备。前面嘉宾提到现在中国企业“走出去”面临“六缺”的局面，其中人才的缺失是非常严重的问题。走出去面临全新的环境，对当地的政治、经济、文化必然是有一个适应的过程。这方面对人才的要求更高。不光是要有跨文化背景、沟通交流的能力，还要有实际解决问题的能力。不光需要本国的人才，而且也要储备当地的属地化人才。

第三，做到市场先行。有很多企业走出去，从成功的案例来看，很重要的原因就是做到市场先行。他们在走出去的第一步——到国外投资设厂之前都基本上会做到有十几年，甚至更长时间的市场基础铺垫。走出去投资建厂，投资很容易，但是投资建厂之后的前几年市场是否能够及时打开？这是对你这个企业是否能够成功运营非常关键的因素。

第四，我们提倡“走出去”需要与当地深度融合。不仅要“走出去”，还要走进去，一定要跟当地的政府、当地的资源做一个深度的融合。

最后，我们建议即将“走出去”的企业要选择优质的平台，我们园区可以说是作为中国企业“走出去”比较好的载体和平台，实践证明，园区这种方式更有利于发挥企业抱团出海、规避风险的形式。

以上是我个人的建议，非常感谢。

主持人：谢谢曹总。到这里今天两轮的讨论都已经结束了，在本次圆桌讨论的最后，希望每位嘉宾用一句话为中国企业在当前这个形势下“走出去”加油、鼓劲，给他们打打气也好，给他们一个美好的祝愿也好。从圣地亚哥·托莱多先生开始。

圣地亚哥·托莱多：希望大家能够到墨西哥寻找机会，到这里投资。

主持人：谢谢。听听孙总的祝福。

孙航宇：希望中国企业更具备国际化视野，在合规、合法的情况下，把我们的技术、金融、服务、产品带出国门。

主持人：谢谢。有请卢瑟卡罗·格瓦萨。

卢瑟卡罗·格瓦萨：我觉得我们应该合作起来，跟坦桑尼亚一起合作起来。

张晓文：我是媒体，以提问维生，我建议企业首先问自己最基本的问题，就是我如何到海外来投资？我要面对什么样子的风险才能够让我有一个比较美好的未来？然后再问自己一个最根本的问题，就是我在这里投资，我想要的是一个短期的回报还是一个长期的回报？那么我应该怎么做？

主持人：曹总。

曹慧：时代的列车滚滚向前，并不会因为疫情的到来而有所延缓，中国企业“走出去”，走到国际市场，将中国的产品、技术以及服务推向更高的市场，有利于中国企业在全球价值链上的攀登。我对中国企业“走出去”充满信心。

主持人：窦总。

窦锴：一句话送给中国企业，有优投相伴，不怕走出去滩险、水深、路长！

主持人：谢谢。白雪。

白雪：我相信品牌就是承诺。希望更多的中国品牌能够走出国门、走向世界，打响中国的品牌。

主持人：很振奋，谢谢各位给我们带来非常精彩的分享。在最后我们一起合影留念，请沈总、各位领导上台，我们一起来合影留念，还有今天的几位演讲嘉宾。

（合影）

主持人：谢谢各位，请场下落座。今天圆桌讨论最后一个环节开启了金句模式，七位嘉宾都用了一句非常凝练而且深刻的话为中国企业“走出去”加油打气。到这里，今天的论坛也要接近尾声了，我们也采用金句模式收尾。我想到两句话，一句是英国的谚语：逆境短暂，但是强者永恒，艰难的时光不会一直持续下去，但是坚强的人会一直持续下去。我还想到一句中国的古语，叫流水不争先而争滔滔不绝。就像跑马拉松一样，短暂地领先三五米，早跑三五秒并不重要，重要的是有一支滔滔不绝的澎湃的动力能够持续下去，中国企业“走出去”也是这样，有的企业早一些，有的晚一些，有的因为疫情停顿了一些，有的没有停顿，这都不重要，重要的是我们是不是有滔滔不绝的力量一直往下势如破竹、势不可当。

到这里，今天的论坛——2021 全球投资服务论坛要跟大家说再见了，再次感谢新浪网、优投网的线上观众朋友们和各地分会场以及北京主会场的各位嘉宾们，也要感谢今天为我们带来精彩分享的主旨演讲嘉宾、圆桌讨论嘉宾，感谢各位，明天早晨 9 点钟在这里，2021 全球救援服务论坛明天见，谢谢各位，再见！

第 6 部分

2021 全球救援服务论坛演讲及圆桌对话

6.1　中国领事保护在改革开放深化中的发展

感谢会议主办方邀请我就中国的领事保护工作给大家做一个简要的介绍。全球救援服务论坛据我所知，今年已经是第五届了，我觉得我们这个论坛能够在前四届的基础之上，在疫情挑战的形势之下，为大家创造一个畅所欲言的平台，这是一个非常好的机会，感谢沈主席，感谢各位嘉宾，今天能够聚在一起，我们就海外安全问题，就旅游事业的发展，就全球救援工作如何进一步开展深入的交换意见。

时间所限，我只能就领事保护工作从宏观的角度，给大家做一个简要的介绍。中国的领事保护工作是随着新中国的成立而逐步地发展壮大起来的。在过去的若干历史时期之中，“领事保护”这个词确实是一个低频词，为什么这么讲呢？显然和我们所处的历史阶段有着密切的关系。

2006 年 5 月 29 日，应该说是中国领事保护工作的一个载入史册的关键时间点，因为这是在新中国的历史上第一次成立了领事保护工作的专门机构，也就是外交部领事司领事保护处，而且随着时间的推移，在 2007 年 8 月，领事保护处升格为外交部领事保护中心，大家可以看得出来，外交部的领导、中国政府的领导对于领事保护工作的投入，尤其在领事保护中心挂牌仪式上有两位曾任国务院领导的同志出席，可见规格之高。

为什么说以前是一个低频词，现在却引起了大家的广泛关注呢？几张照片可以说明一下问题。在疫情之前，我们除了看到了跨境旅游的让人欢欣鼓舞的数字之外，也同时在网上能够找到很多调侃我们在海外的游客形象的照片。比如在首尔，人潮涌动的大街上到处可见中国大妈；在免税店抢购的人潮之中所见到的还是我们中国游客的身影；我们在首尔机场能够看到铺天盖地的拆开了的包装盒，这证明了我们中国游客强大的购买力。

但是回首以前，从 1949 年新中国成立到 1978 年改革开放之前，几十年的时间中，我们可曾听到过“中国游客”这个概念？在那段时间里，如果有某一位能够走出国门，自己是多么地傲骄！身边的朋友、同事是多么地羡慕！1978 年的非官方的数字，提供给大家：一年出境人数 400 来万人次；疫情之前的 2019 年是 1.74 亿人次。刚才祝主任提到了疫情期间国际游客的数字下降了 1.8 亿，我想我们中国人可能又在其中占有非常重要的分量。如果我们的 1.74 亿正常发展的话，在 2020 年突破 1.8 亿恐怕是小菜一碟，因为从 2010 年起，每年的出境人数都是以千万级在增长，没有中国人走出去，显然就没有中国领事保护工作的市场存在。随着中国人越来越多地走出去，对于中国政府在海外为本国公民提供优质服务的需求也在日益增长。

我们以正常的年景作为一个参考，比如 2019 年，境外的中资企业超过了 3 万家，仅央企的境外总资产就将近 8 万亿元，在外各类劳务人员 100 万人，当年留学人员 70 万人，实际上我们还有一个数字，大概是年度保留在外的人数，在 130 万~140 万之间。随之而来就是我们的领事保护工作的量发生了突飞猛进的增长。

我们面临的形势需要我们的领事保护工作做出长足的发展。我们总结了八大风险问题，无论是政治风险还是最后的卫生风险，和我们每个人都是息息相关的。每个人、每个企业在外面都可能面临这八大风险。

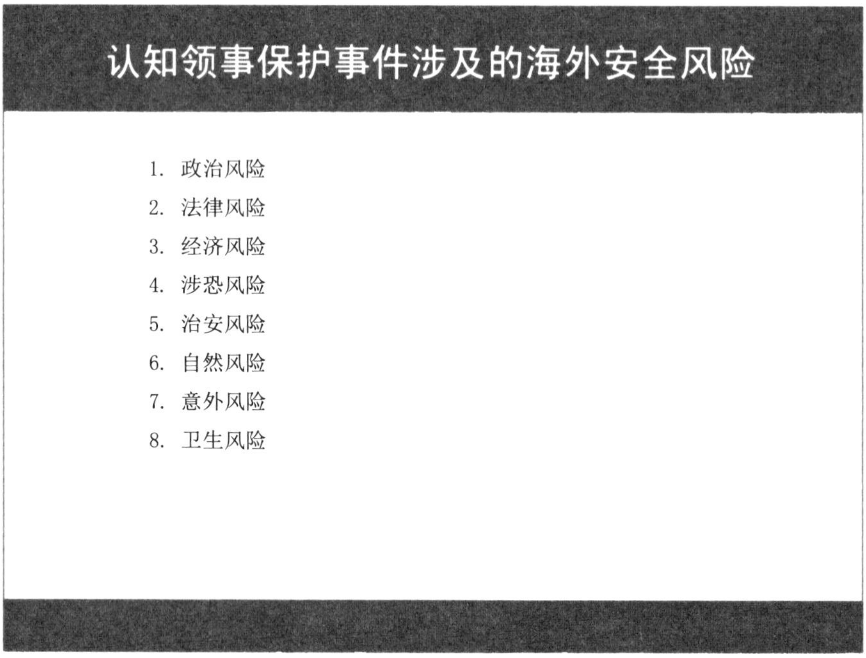

领事保护并不是说替代每一个人解决你所遇到的任何一个难题，从政府的角度讲，它把握的是三大原则：第一是国籍原则。必须是中国公民，如果你加入了外国籍，按中国的《国籍法》，不再具有中国国籍的时候，你不再是被保护的对象。第二是合法行为，只有合法的行为才能受到保护，你在外面犯了法，我们保护的是你合法的受审理的待遇，并不是把你从监狱里“捞”出来。第三是自愿的原则，公民如果不愿意接受政府的救助，完全由其个人决定。

所以在领事保护的可为与不可为之中，我们也做过一个对比，中国政府的可为与不可为描述得比较严格、比较细致，外国政府相对来说可能比较大而化之。展示一下美国驻华大使馆的描述，在它的网页上你能看到它对美国公民的提示。网上流传的那些段子显然不具可信性，美国的护照上也从来没有网上流传的那样的话语，当然，中国护照上也没有那样的话语。

在新时代，回应中国公民新的要求、新的期待，我想我们要按照王毅国务委员兼外

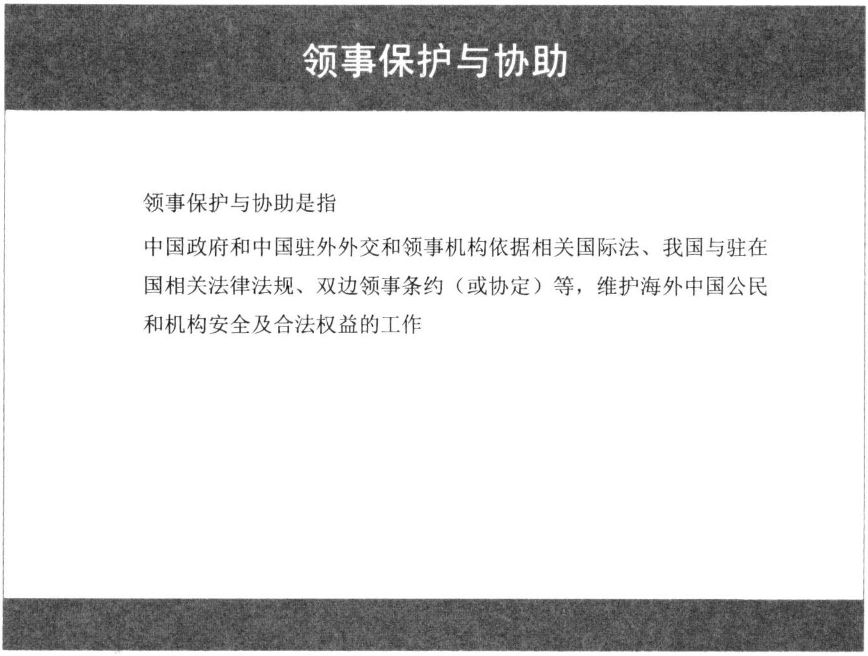

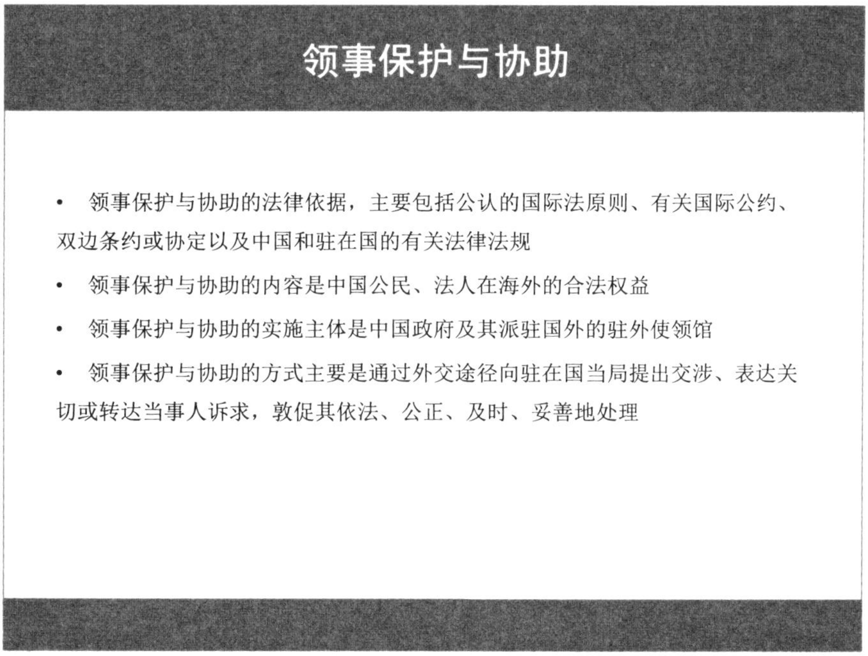

交部部长在“两会”招待会上提出来的，要按照“六大支柱”概念积极地构建海外中国平安体系，无论是推出《领事保护条例》，还是加强各级政府的应急处置机制的建设，以及企业、个人围绕自身安全所必须构建的自身的防范体系，都是我们下一步要共同努力的方向。

最后，要给大家展示一下英国前首相温斯顿·丘吉尔的一段话，这是我在工作期间

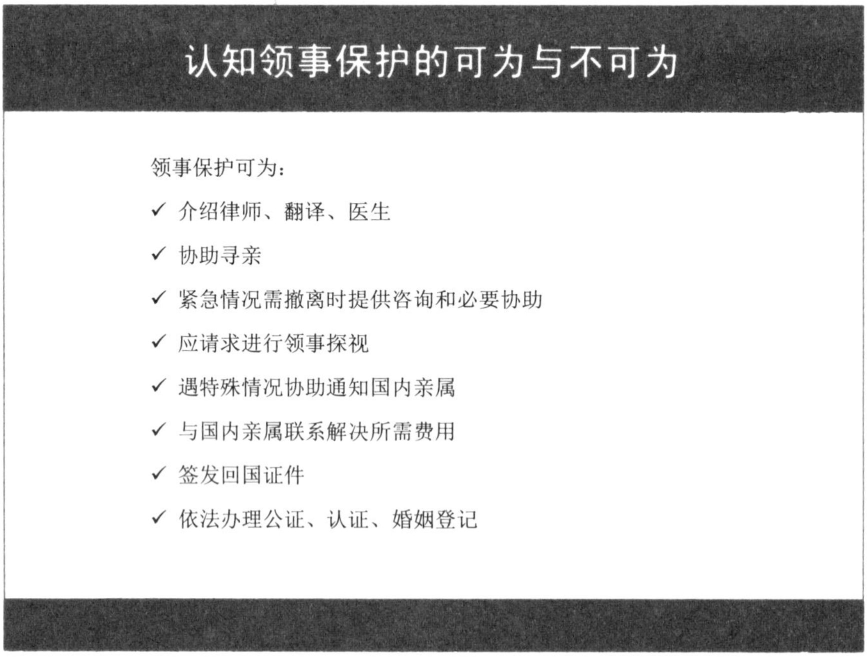

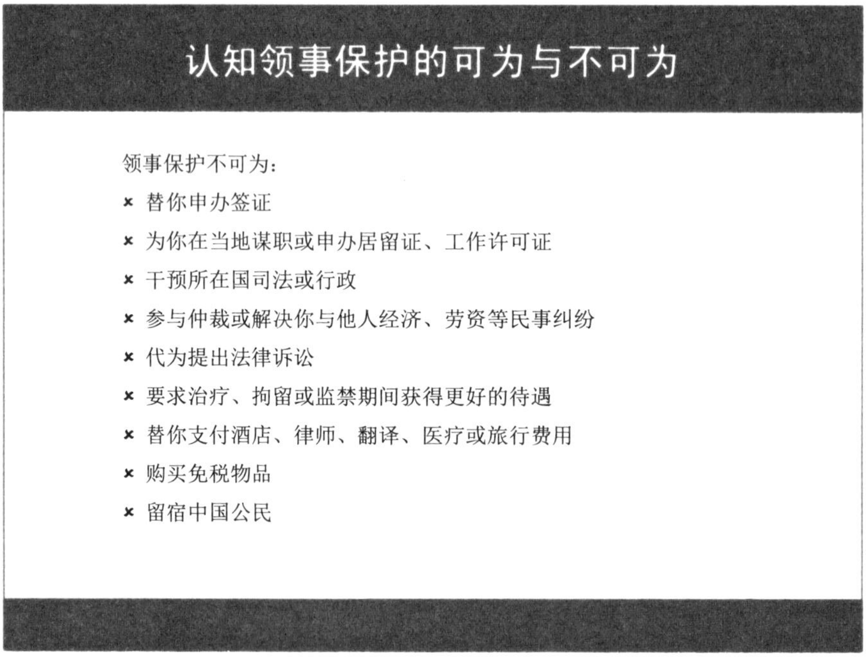

几乎每一次给大家介绍海外安全有关工作的时候都要提到的一个话题：无论政府能够为大家做什么，都不能够代替企业和个人自身应该采取的措施。像我们在自己家里一样，无论如何也得给自己家装一个门锁吧？这不是政府能替你解决的，所以像丘吉尔这样的人物在历史上也曾经多次强调了保险这项事业的重要性。作为参照物，作为我们借鉴的

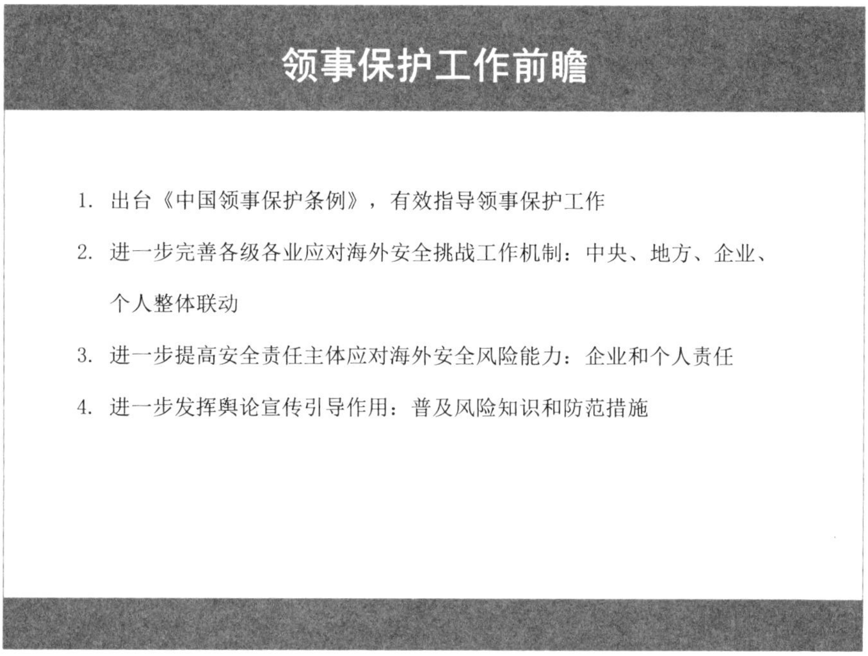

对象，作为我们努力的方向，我相信大家通过今天的研讨，通过以后的工作能够为我们企业、个人在海外安全方面不断地提供新的思路，不断地提供新的平台，也不断地开创新的事业的方向。

谢谢大家！

演讲人：陈雄风（外交部领事司原副司长）

6.2 国家领事保护与全球救援体系建设

各位嘉宾，大家早上好！非常高兴能有这样一个机会来分享我所研究的一些内容，刚才陈司长给大家介绍了中国领事保护发展的情况，我主要从我研究的角度，原来我也在使馆的领事部工作过，也有一些领事保护工作的经验，但是今天主要还是从学术研究的角度分享一些内容。

今天我讲的题目是“国家领事保护与全球救援体系建设”。大家从这几个电影的海报可以看出来什么呢？就是海外公民的保护已经成为全球，如果不能说全球，至少也是中国人非常关注的话题。刚才陈司提到中国护照那句话，当时看这个电影的时候，《战狼 2》，我去电影院了，放到最后一幕就是无论你在什么地方，你的身后有强大的祖国，当时电影院全体起立鼓掌，我当时也感到非常自豪。

我觉得在新形势下，尤其是党的十八大以来，领事保护的任务更重了，为什么？因为从两个层面来讲，从宏观层面，领事保护被赋予了新的内涵，这是以前所没有的。举例来说，主要有以下几个方面：

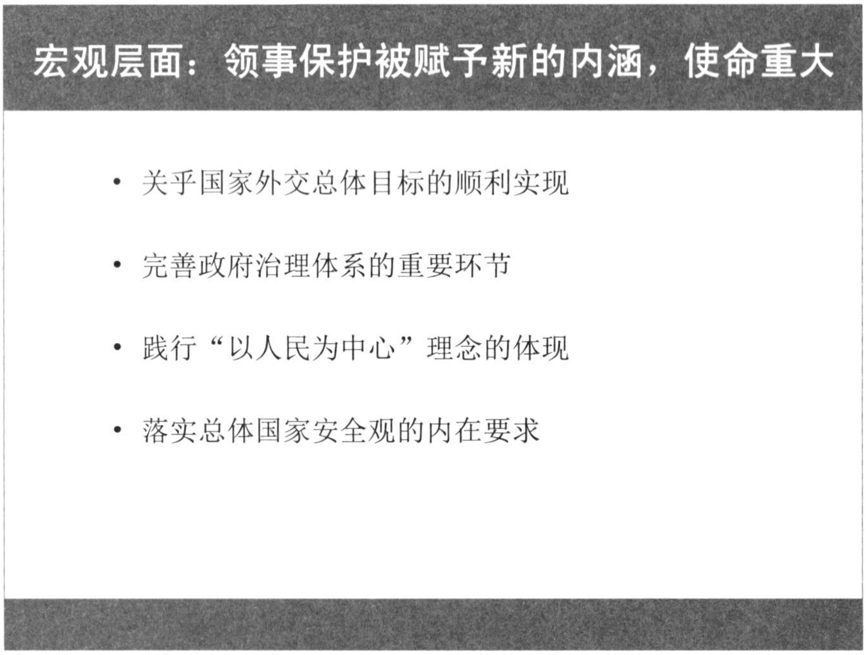

1. 我们提出了构建人类命运共同体和新型国际关系，还有“一带一路”倡议，等等，这些都离不开海外的领事保护，包括海外中国公民安全保护的顺利实施，很难想象，如果我们走出去的人员不断地遇到重大安全问题的话，你所有的这些倡议的推进都是很困难的。

领事保护关乎国家外交总体目标的顺利实现

- 推动构建人类命运共同体和新型国际关系
- 服务国家对外工作大局和全方位对外开放
- 党的十九届四中全会提出，要“构建海外利益保护和风险预警防范体系，完善领事保护工作机制，维护海外同胞安全和正当权益，保障重大项目和人员机构安全”

2. 中国比较特殊的地方，就是我们的领事保护是关系到群众利益的最直接的方面，从外交的内容来看，它是最接地气的，它也是完善政府治理体系的重要环节。我原来做一个课题的时候去地方外办采访，他们就告诉我说上访可能就是领事保护的副产品，有些问题处理不好的话，这些人虽然回国了，但是他本人或者他的亲属就会不断地提出新的诉求。所以这是我们新形势下，在中国当前的阶段还是政府治理的重要环节。

领事保护是完善政府治理体系的重要环节

- “党的十八届三中全会提出的全面深化改革的总目标，就是完善和发展中国特色社会主义制度、推进国家治理体系和治理能力现代化。这是坚持和发展中国特色社会主义的必然要求，也是实现社会主义现代化的题中之义”
- 领事保护是外交工作中最接“地气”的部分，与社会公众接触频繁，与经济民生关联紧密，承担着不少国内社会公共治理职能，与国外特定法律社会环境相衔接，涉及法治建设、舆论引导、政府公共服务、保障社会民生、防范化解社会风险等国家治理体系建设的多个重要环节

3. 我们现在提“以人民为中心”，领事保护也是“以人民为中心”的工作的很重要的体现。因为我们讲外交为民、执政为民，外交部也说，海外同胞走到哪里，领事保护就要跟进到哪里。

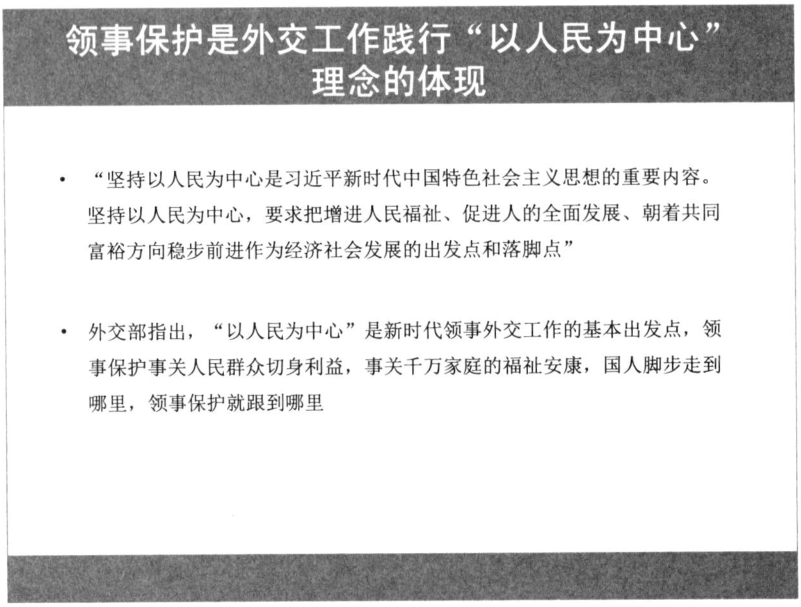

4. 领事保护也是我们落实总体安全观的内在要求，因为总体安全观提出国家安全一切为了人民、一切依靠人民。一会儿我要讲全社会救援体系，刚才陈司长讲领事保护，我觉得海外中国公民领事保护依靠使领馆只是一个方面，如果全部依靠的话，政府机构也是不堪重负的。

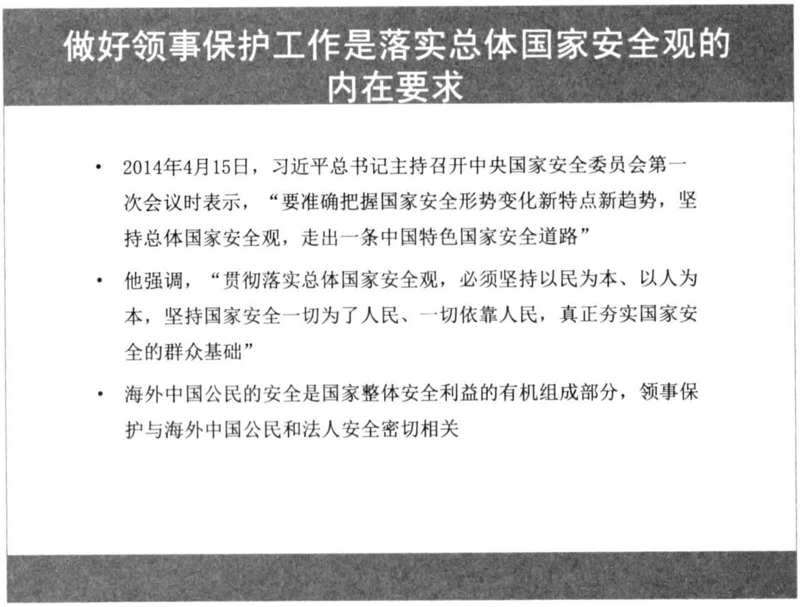

刚才我们讲了宏观的四个层面，在党的十八大以后，领事保护被赋予了一些新的含义，肩负了一些新的使命。从微观层面来说还有一些老的问题，其中一个就是供需矛盾，供需矛盾主要指领事保护需求的上升，刚才我们看到了前面一位演讲者的图，就是庞大的出境人员规模。我这两张图一个是显示，从 2001 年，就是新世纪以来，我们的出境人员大幅增长。因为我们国家统计局的统计数字里面没有出国人数，只有出境人数的统计。毫无疑问，出境人次在不断增长的大背景下，出国人次的增长也是不难想象的。

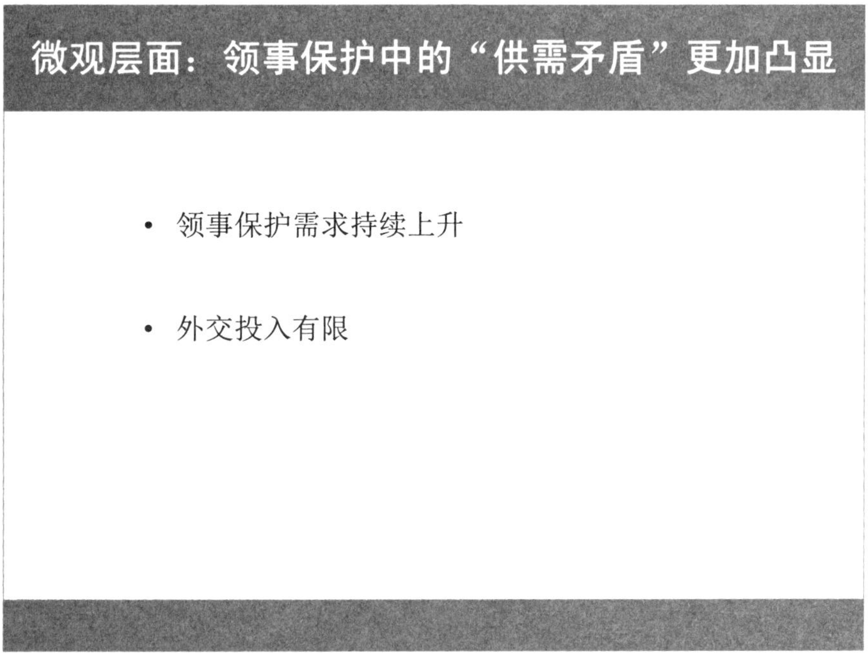

一方面是海外领事保护的量的增加，但是另一方面投入的量是有限的，人手缺乏更为严重，尤其在外交部驻外使领馆。我有一个在职研究生的学生在驻东南亚的使馆工作，他说东南亚这个地方的中国留学生、中国游客和中国企业的员工很多，他们使馆负责领事保护的实际上只有两个专职的人，一个人要面对大概 60 万公民，当然不是这 60 万人都有事，但是即便是这样，他们的工作从来都是不停的，不知道什么时候能够休息。我们把他形象地称为“小马拉大车”，领事保护或者海外中国公民安全保护是一辆大车，但是你仅靠外交部和驻外使领馆一匹小马，是拉不动这辆大车的，很艰难。

在这样的大背景下，多方共建的全球救援体系就非常地迫切。这里边主要包括三个方面：首先是政府。从政府的角度来说，主要是领事保护。我曾经把中国的领事保护和西方国家的领事保护做过一个对比，大家都知道领事保护这个概念来自西方，领事制度也起源于西方，后来随着西方国家的殖民扩张，在晚清的时候，中国被迫接受了领事制度。政府在领事保护方面的责任是有限的，不可能无限扩大，因此迫切地需要商业服务，也需要企业和公民自身责任意识的提升。

外交投入有限

- 相对资金保障而言，“人手缺乏”更为严重 ，“小马拉大车”的现象日益突出
- 外交部领事保护中心主任由领事司副司长兼任，常务副主任是正处级，中心的人员编制现为24人
- 中国驻外使领馆的外交人员编制总共6 000多人，但直接从事领事保护工作的官员每馆平均不到1人，几乎所有人都在超负荷运转。 中国每位领事官员每年服务超过20万海外中国公民，是美国的40倍

多方共建全球救援体系

1. 政府责任：领事保护，中国领事保护条例
2. 商业服务 ：全球救援服务，互联网全球救援平台
3. 企业和公民责任：境外风险防控第一责任人；购买商业保险、购买全球救援服务；自知、自救

和发达国家做一个对比，我们发现中国的领事保护的最大特点就是“全政府”，我们不仅包括中央政府，中央政府部门里面包括外交部、商务部、教育部、文化旅游部等这些部门，我们的地方政府在领事保护中也发挥了很重要的作用，我专门就这个曾经写过一篇文章，研究地方政府在领事保护中的作用，这是中国领事保护的一大特色，就是全政府特色。西方国家的领事保护政府责任，明确地指出来是非常有限的。我放了两张

图，其中一个是电影《生命的证据》的海报，这是根据真实故事改编的，一个美国的工程师在拉美被绑架了，绑架之后他向美国政府求助，美国政府感到无能为力，后来他的妻子就请了一个救援公司的人，就是这个男主角，他是一个退役的特种兵，派了一支武装小分队，把被绑架的人质给救出来了。

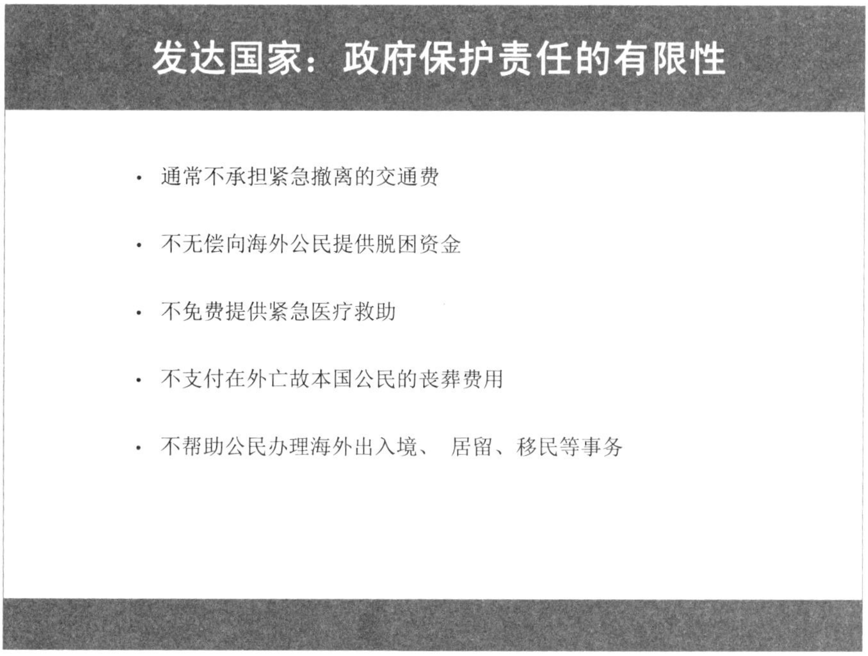

另外一个是《战狼 2》的电影截屏，女主人公说找美国大使馆，结果被告知大使馆关门了，这是电影虚构的故事，但是在真实的生活当中确实发生过，2015 年也门发生了战乱，当时有一个美籍阿拉伯裔的公民被炸死了，阿拉伯团体对美国提出指责，你为什么不保护他？为什么不撤出来？美国发言人说我们十年前就发出了警告你不要去，我们不可能在这样的情况下派人撤侨，外交官也会有危险，就是他们的责任有限性。

发达国家提出一个观点是公民自身要对自己的安全负责任，外交部和政府部门所提供的安全提醒的信息，它只是给你做一个参考。最终做出旅行决定的是你自己，所以你要为自己的决定负责任。

澳大利亚、加拿大和英国外交部网站上明确提到了个人责任。澳大利亚的领事服务章程，加拿大也有，明确写明外交部可以为公民做什么，其中包括公民要对自己负责任，政府的责任是有限的，以及提醒大家购买保险。

前面有几位专家都已经提到了购买保险的重要性。在购买保险方面，我们总体来说还处在一个比较初级的阶段，很多人意识不到购买保险的重要性。从我们领事保护的案例来看，很多情况下最难解决的是什么？就是善后的问题。比如说 2015 年 8 月，泰国曼谷发生了爆炸，有一个四面佛爆炸，爆炸当中有一些中国公民不幸遇难，其中有一位

发达国家：政府保护责任的有限性

发达国家：政府保护责任与公民和企业的自身责任相互补充，以充分的商业保险和救援服务为基础

- 澳大利亚外交部表示，公众应清楚自己出国后所面临的各种风险和在降低风险方面应承担的责任，政府只提供建议，而最终责任在于公民个人
- 加拿大外交部旅行建议网站上特地用黑体字标明“旅行者个人为所作出的决定负责”
- 英国外交部文件提出，必须限定外交部为海外遇到困难的公民所能提供的服务的范围，并强调公民个人自身的保护责任意识

上海的市民，他遇难之后，因为泰国政府所能给出的赔偿金额是比较少的，大概也就不到十万块钱，这位遇难者的家人就觉得他们接受不了，因为他是家中主要的劳动力，上有父母，下有幼子，怎么处理这个后事？家属就提出了赔偿。就为这个赔偿的事，中国驻外使领馆、上海市外办从中协调了半年之久，也很难解决。我当时去上海市外办做访谈的时候，他们就跟我说，他们到曼谷去处理这个事，发现我国香港特区政府很快就同样的一件事处理完了，问我：“你知道是怎么回事吗？他们怎么这么容易处理？”后来我专门就这个事又对香港特区政府的有关部门进行了访谈，他们告诉我是因为：（1）出去的香港市民买了保险；（2）因为他们有一整套的社会救济的制度。所以不存在善后金额这些比较难以解决的问题，他就解决得很快。

在当前的情况下，如何来实现多方共建的中国公民的救援体系呢？我们当前主要有这么几件事要做：

1. 尽快出台《中国领事保护与协助工作条例》，刚才陈司也提到了这个，这个条例目前还在酝酿，即将要出台，但是还是在商议的过程当中。

2. 领事保护队伍的专业化。

3. 政府购买公共服务。

4. 救援服务的社会化、市场化、互联网化。

这是我观察到的现有现象，举例来说政府购买服务，可以包括驻外使领馆和华人旅行社的合作，以及公益性的和商业性的救援，比如说刚才提到的全球救援服务平台和救援保险产品，等等。

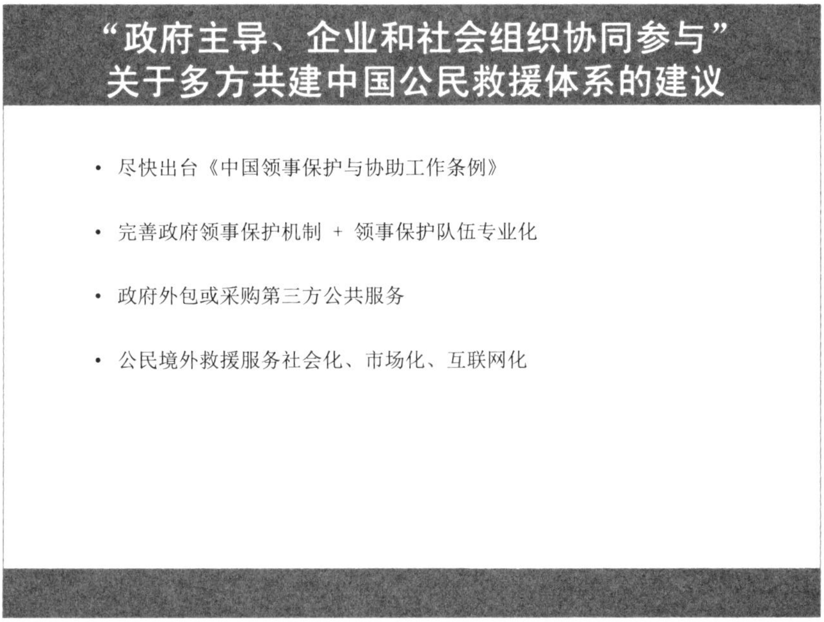

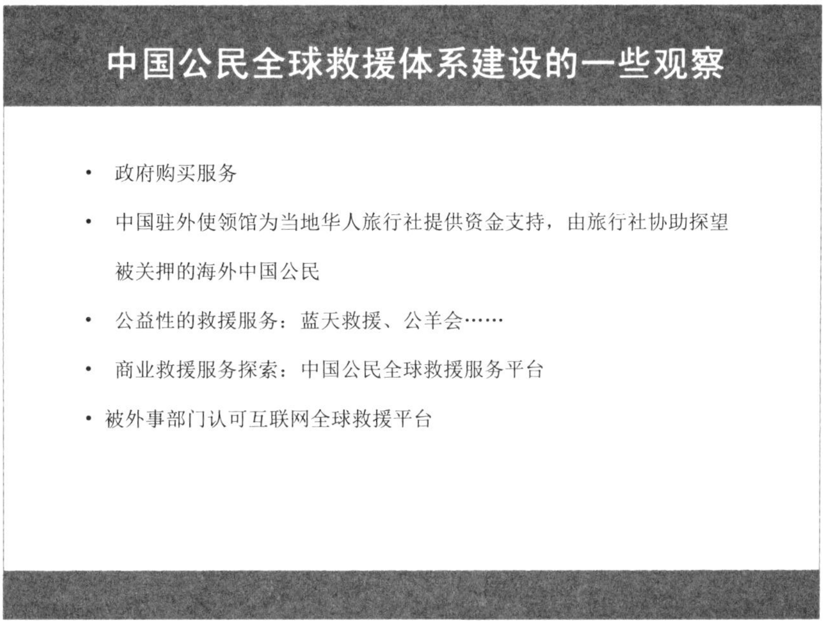

总之，建立一个全社会共同努力的救援体系，在海外中国公民安全保护任务不断加重的情况下非常必要，而且也确实是可行的。

以上就是我的发言，谢谢大家！

演讲人：夏莉萍（外交学院外交学与外事管理系教授）

6.3 后疫情时代全球旅行救援体系建设展望

大家早上好！非常荣幸有这样一个机会参加 2021 全球救援服务论坛。在疫情暴发之前我们都知道，中国已经是全球的出境旅行大国，每年有将近 1.5 亿的民众走出国门，行走在世界各地。这么一个庞大的人群，他们在全球行走的时候，的确需要一个行之有效的救援体系来支撑他们的行为和活动。但是全球的风险形势确实非常复杂，如果从游客出行的事故结果来看，中国游客出境旅游风险的区域主要分布在 70 多个国家和地区。而这些国家和地区的风险程度应该说具有巨大的差异性。

从总体来看，西亚和非洲，对中国游客来讲，它的危险度相对较高；东南亚风险的类型最多，危险度居中；欧洲、东亚、大洋洲和北美的大部分地区仍然是中国游客出境旅游较为安全的目的地。而风险的种类、危险的程度和出行目的地的地理环境、政治经济环境、经济发展水平等有着密切的关系。

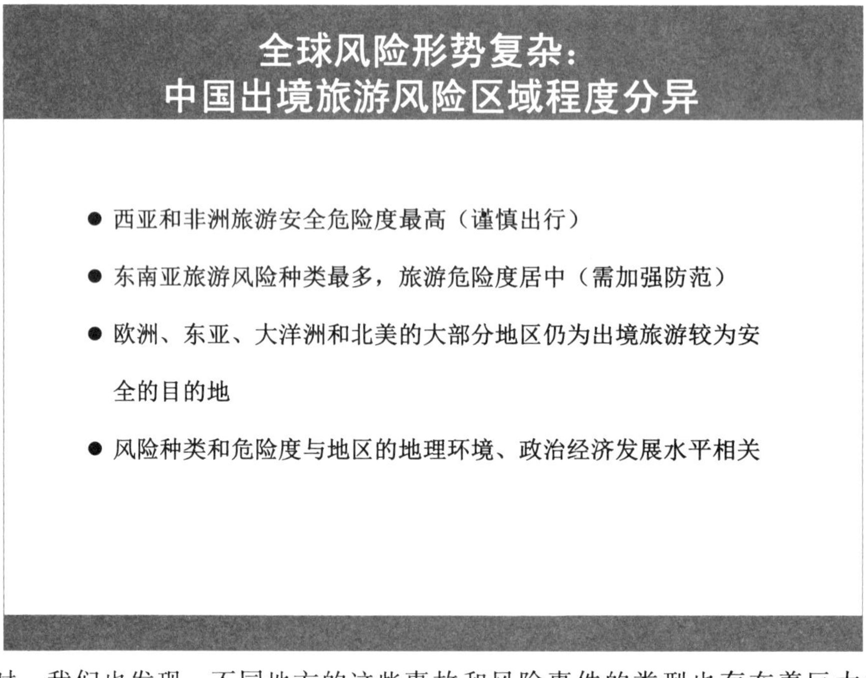

同时，我们也发现，不同地方的这些事故和风险事件的类型也存在着巨大的差异。比如东南亚和东亚是自然灾害的多发地；中亚、西亚和北非的局部政治动乱和恐怖主义的安全形势相对比较严峻；而在非洲、南亚，除了新冠肺炎疫情之外，常规的病毒疫情和公共卫生风险也应该更加引起我们的防范。一般的民众认为非常安全的地方，像欧洲和北美，却是盗窃和抢劫高发的旅游地，我想这些风险都应该引起我们业界和游客的高度关注。

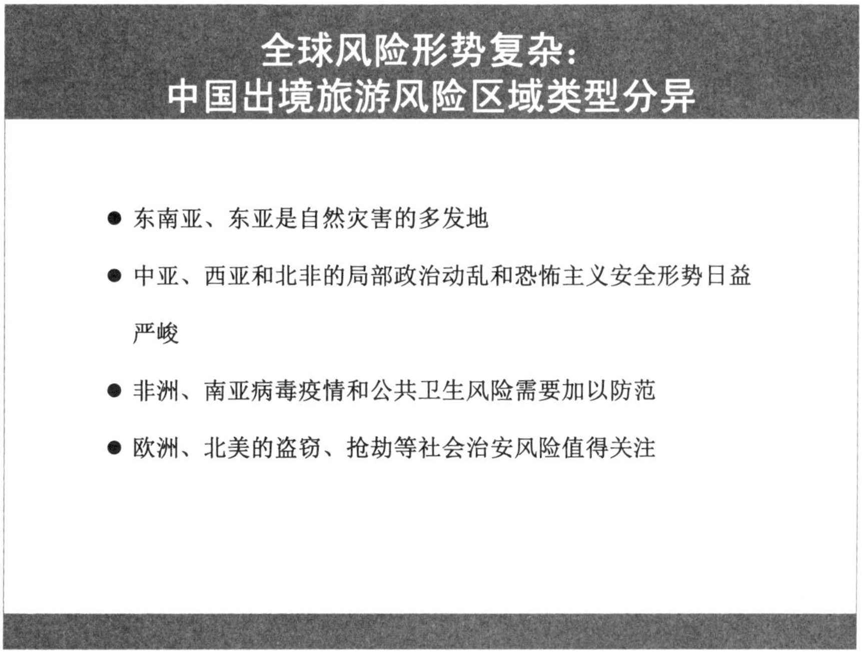

前面几位嘉宾反复提到，在新冠疫情肆虐、还看不到疫情终点的时候，公共卫生的风险的确是一个非常巨大的挑战。但我们还是应该要看到，在疫情暴发之前，中国的出境旅游规模在持续地增长，在疫情暴发之后，出境旅游的目的地和相关的市场主体，都在为出境旅游的恢复和发展而不懈地努力。所以在这样的一种情况之下，中国游客的安全保障需求的强度应该说越来越大，但是需求的结构也越来越复杂。

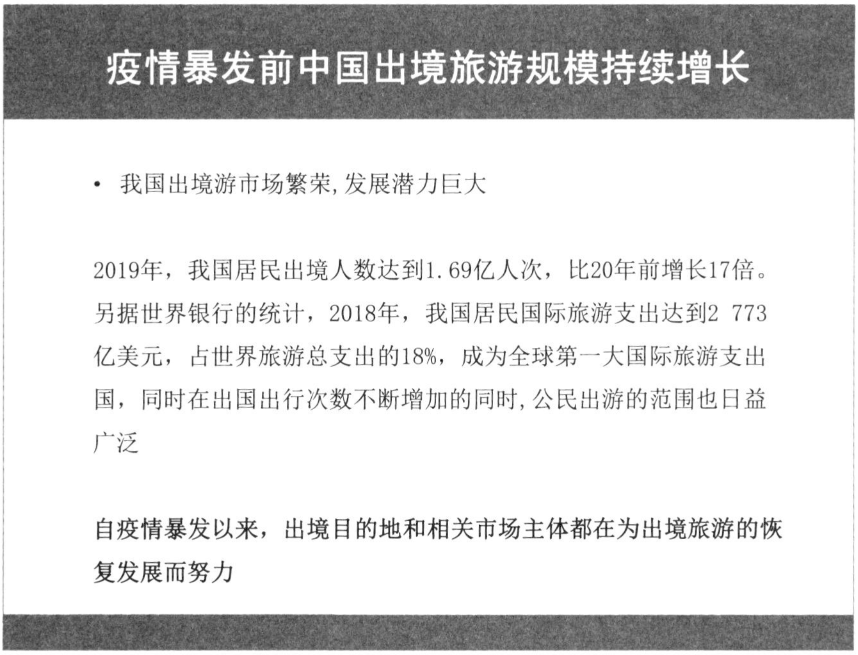

总体来讲，中国出境旅游产品的类型在不断丰富，游客出游的空间范围在不断地扩大，类型复杂，所以各类安全风险也在不断地上升。也因为这样的背景，所以游客对意外及医疗保障、安排就医、费用担保、境外搜救、医疗转运等多元化的安全救援服务的保障需求不断地增加。刚才沈总还提到，除了这些常规的救援服务之外，涉及生活层面的旅行支撑的需求也在不断地扩大。同时我们欣喜地发现，中国出境游客购买保险的意愿在不断增强。有一个统计数据表明，中国游客投保率在2019年的时候已经高于部分发达国家了，我想这是一个非常良好的态势。

中国出境旅游救援需求不断增强

出境游安全保障需求结构更加复杂

中国出境旅游产品类型丰富，游客出游空间范围扩大，活动类型复杂，各类出境旅游安全风险不断上升，游客对意外及医疗保障、安排就医、费用担保、境外搜救、医疗转运等多元化的安全救援保障需求不断增加

中国出境游客购买保险意愿不断增强，投保率已经高于部分发达国家

面对这样一个态势，怎么样建设全球旅行救援体系？它是我们这个时代应有的、赋予我们的一个历史重任。怎么建？从我的学术研究角度来讲，我曾经很系统地对旅游救援体系所涉及的主体和层面做了搜集和整理。我发现，其实旅行援助的业务涵盖范围非常广泛，具体包括了旅行支援、道路救援、紧急搜救、紧急医疗，还有事件的处理。每一个业务模块后面又有非常丰富的、细节的内容。比如在旅行支援这一块，涉及旅游咨询、安全教育、安全建议、紧急翻译、文件递送、法律援助、临时行程安排、行李丢失援助，等等。这些服务内容有的已经成为保险产品保障的内容模块，但有的还没有。

旅行援助的保险产品毫无疑问，它是以旅游者作为目标对象，以旅游援助公司作为实施主体，但除了这两大主体之外，任何一个救援行动还涉及风险信息的支持机构、救援技术的支持机构、民间公益救援资源和队伍，以及事故发生地的区域和相关的机构。也就是说全球旅行救援体系的建设不仅仅只是商业救援这一个部分，它是一个庞大的系统工程。

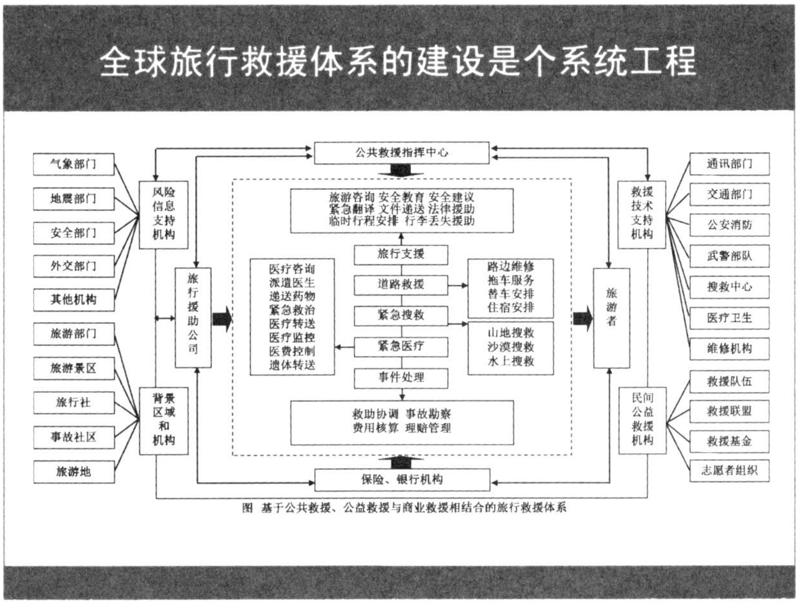

图　基于公共救援、公益救援与商业救援相结合的旅行救援体系

目前全球的救援企业也在纷纷布局中国市场，除了早期进入的国际 SOS 救援中心之外，像安联、美亚、安盛、史带、优普援助等公司，都通过各种机构或者商业的形式进入到中国市场，开发出了不同种类的特色产品，虽然说他们服务的范围大同小异，但是在细节上还是有巨大的差异。同时我们也非常欣喜地看到，江泰建立了全球救援联盟，它所提供的服务应该说范围在不断扩大，“大救星”已经覆盖了 135 个国家和地区、760 多个城市，在海外有 3 000 多名双语的星使，我想这是中国公民、中国出境游客走出国门最大的支撑力量，这是中国本土企业的一种努力。

全球商业救援企业布局中国市场

企业	国家	服务品类	特色产品	产品特点	覆盖范围
安联保险集团（Allianz SE）	德国	安联全球救援服务	至尊保——安联境外旅行保障计划	意外及医疗保障、救援服务（紧急医疗运送和送返、亲友慰问探访、未成年子女逾期停留、未成年子女送返）、旅行不便保障（旅行变更、延误、行李延误）、个人财物保障	在全球211个国家拥有1.1万个医疗服务商，配备精通40多种语言、获得国际认证的全球救援专家和专业医疗设备，已与49家空中救护服务商签订了合作协议。
美亚（AIG）	美国	Travel Guard全球救援服务	美亚万国游踪境外旅游保障计划	紧急救援（医疗运送和送返 、身故遗体送返、未成年人旅行送返费用补偿 ）、个人意外伤害和医疗保障（医药补偿、旅行绑架及非法拘禁等）、旅游阻碍保障（旅行变更、延误、行李延误）、个人财物保障	排除古巴、伊朗、叙利亚、苏丹、朝鲜、克里米亚地区等国家和地区
安盛（AXA）	法国	安盛全球援助服务	智行天下全球境外旅行保险	人身意外伤害及医疗保障、24小时全球紧急救援（医疗运送与送返、身故遗体送返及丧葬费用）、个人财物保障、旅行阻碍保障	不限定常规国家和地区，排除战争、军事行动、暴动或武装叛乱期间等特定状态国家和地区
史带（Starr Insurance）	中美合资	爱思卡国际救援服务	乐游全球——史带境外旅行保险	个人意外保障、医疗费用保障、个人财物保障、旅行不变保障（旅行恶劣天气、旅行绑架及非法拘禁）、旅行救援保障（紧急医疗运送和送返、身故遗体送返、旅行亲属慰问探访、旅行未成年人送返）、紧急援助服务（法律救援及转介服务、行李追踪、文件丢失或被盗时的援助服务、紧急医疗电话翻译服务）	排除伊朗、朝鲜、乌克兰、古巴、叙利亚以及投保时已经处于战争状态或已被宣布为紧急状态的国家或地区
优普援助（Europ Assistance	意大利	优普国际援助	优普国际救援	旅行信息咨询服务、紧急口讯传递、介绍当地翻译服务、紧急医疗转运、医疗转送回国、运送遗体或骨灰回国、直系亲属探病及住宿、安排同行子女回国、休养期的饭店住宿、紧急回国、亲属处理后事	在全球范围拥有36家分支机构、37个国际报警中心、401 000个代理机构，分布在208个国家和地区

中国商业救援企业任重而道远

企业	国家	服务品类	特色产品	产品特点	覆盖范围
江泰救援服务有限公司	中国	全球救援服务	旅行救援服务、商旅救援服务、境内一日游救援服务	提供可定制的“9+1”模块化专业救援服务。目前包括紧急医疗转运、医疗送返、照顾未成年子女、安排亲友探访、医疗陪同服务、报案陪同服务、补办证件陪同服务、遗体送返或火化、电话医生（或视频问诊），共计九项救援服务；以及大救星安全管家服务. 大救星APP为所有用户免费提供实时的全球风险预警服务，预警内容包含暴乱、游行、踩踏、爆炸、台风、污染等50种常见危险信号，为用户出行提供24小时的安全参考 “大救星”设有24小时待命的全球救援中心，在收到用户呼救后1分钟内以人工电话回拨的方式与用户进一步联系、核实、确认，并在第一时间采取应急预案，实施全球救援	“大救星”是以江泰全球救援联盟成员为基础建立的全球救援服务平台，在全球拥有包含救援公司、安保公司、律师事务所、华人旅行社等机构在内的1 000家签约服务商，救援能力覆盖全球 “大救星”还拥有分布在海外135个国家和地区、760个城市的3 000余名双语星使

但是我们还是应该看到，中国的商业救援企业在当前的形势下任重而道远，为什么说任重而道远？我想一方面是因为我们的商业救援企业的国际化水平还有待提升，比较而言，境外的救援企业发展的历史较长，少则三五十年，多则六七十年，他们的确有非常丰富的国际化的救援网络，他们在中国市场上也具有较强的竞争优势。像江泰这样的中国公司发展势头迅猛，但其国际化水平、拓展国际市场的能力应该还有待提升。同时商业救援体系系统化的网络还有待拓展，我们也应该看到我们的网络正在拓展，救援联盟正在扩大，与当地救援资源的整合能力在逐步地加强。但是这套救援网络的立体性、全面性、覆盖的范围仍然有待进一步提升。从救援产品来讲，它的细分类型、救援业务的覆盖范围、保险责任的覆盖范围、救援产品的营销方式、跟客户打交道的方式，我想都还有进一步优化的空间。

当前的新冠肺炎疫情，对全球旅行救援体系的建设应该说还是一个巨大的挑战，刚才沈总也提到了，疫情导致国家之间的救援合作机制的建设进程有所中断，它也导致跨区域之间的安全救援、转运和救助相对来讲更加困难，对这个市场的发展也造成了沉重的打击，加重了中国游客在境外的人身安全的救援和保障的成本。

面对这样的挑战，我们展望未来，还是应该致力于构建覆盖事前、事中和事后的安全救援保障体系，也就是说我们要根据一个突发事件、一个安全事件的发生和发展的规律来做业务的拓展、优化和提升。比如事前的安全风险的监测跟预警，涉及安全风险的信息搜集、动态跟踪、识别判断、预警的明确、信息的发布、预案的管控和风险的控制等。这样的行为传统上是救援企业的后台行为，但事实上，对于个别游客和某些企业来

中国商业救援企业任重而道远

- 中国的商业救援企业发展势头迅猛，但国际化水平、拓展国际市场的能力仍有待提升
- 中国救援企业的全球化网络正在拓展，救援联盟正在扩大，与当地救援资源的整合能力逐步加强，但是救援网络的立体性、全面性、覆盖范围仍有待进一步提升
- 中国救援企业救援产品的细分类型、救援业务的覆盖范围、保险责任的覆盖范围、救援产品的营销方式等，有进一步优化空间

新冠疫情对全球旅行救援体系建设的挑战

- 疫情导致国家间的救援合作机制建设进程中断
- 疫情导致跨区域的安全救援、转运和介入更加困难
- 疫情导致出境旅游保险、境外救援企业业务拓展遭受沉重打击
- 疫情导致中国游客在国外的人身安全救援与保障成本上升

讲，它是可以转化为台面的、明确的救援业务和辅助产品，而且这个产品做好了，它对于真正地减少安全事故，减少保险的支付会起到更大的支撑作用。因此致力于发展事前预防型的保险救援业务，我觉得才是我们真正应该重点去努力的方向。

除此之外，事中的一些救援行动，比如方案制定、紧急搜救、医疗救治，等等，也非常重要。这一块内容相当大一部分，特别是紧急医疗救治这一块已经基本纳入保险保

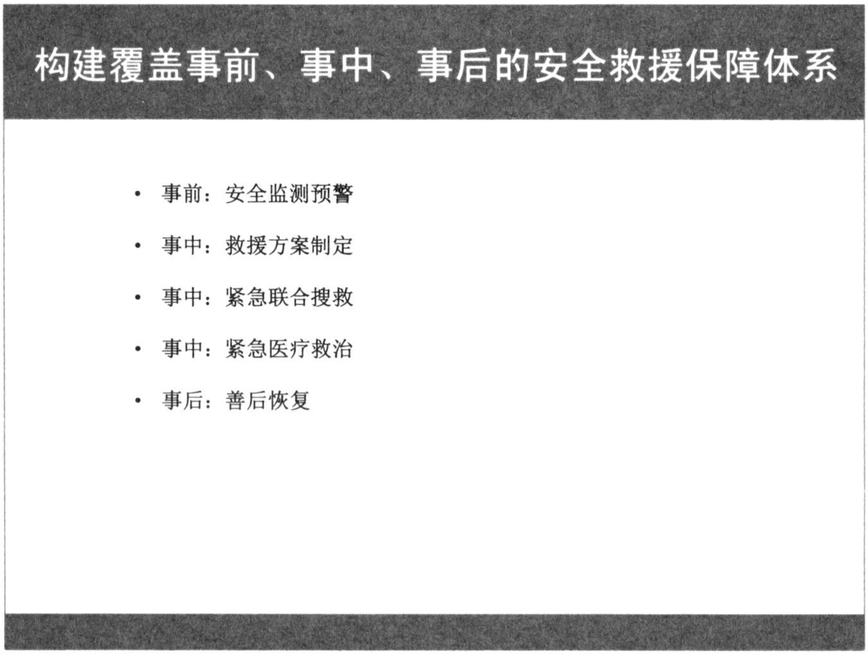

障的范畴。

此外，还有事后善后的恢复，比如事故勘查、查明致因、费用核算、回顾总结、编制档案，以及其他衍生业务的拓展，我想这一块还有很大的市场空间。

应该发展多元类型的救援资源和力量，刚才几位嘉宾也反复提到，救援不是商业企业一个主体的事，除了商业救援之外，还有政府的公共救援和民间公益机构的公益救援。这三类救援之间，各自所承担的责任跟义务应该说是有巨大差别的，发起主体、面向的对象、服务的类型都各不相同，其中公共救援和公益救援，它们在紧急搜救中的主体地位，应该说在短期之内还很难替代的。

因此我们主张，要形成一个政府组织、企业组织和民间组织多主体融合互动的公共救援、公益救援和商业救援相结合的全球旅行救援体系，在这样的救援体系当中，政府应该推动救援资源的建设，推动全球救援保障的双边和多边的合作，整合全球救援的资源和力量，建立行业的技术标准和规范，同时要鼓励和激活全球救援领域的市场力量。同时我们也应该推动重点的目的地国家和政府，要加强救援资源的建设。民间的组织，像救援协会、律师协会、基金会、红十字会、救援联盟，等等，我想对它们的成长也应该有所推动和扶持。

作为企业来讲，就更加任重而道远，除了救援产品的开发之外，还应该把触角向前和向后进行拓展，要实施全程的安全风险管理。比如保险公司可否在定制保险服务、降低参保费用、简化理赔手续、严格法律责任、加大宣传力度上面有所动作。我们的旅行援助公司在拓展援助类型、提升救援技术、引进专业人才、对接国际体系、形成世界级

发展多元类型的救援资源和力量

全球救援体系的性质结构与分类

类别	公共性救援	商业性救援	公益性救援
发起主体	相关政府	商业性旅行援助机构	民间公益机构
面向对象	任何公众旅游者	本机构会员	任何公众旅游者
服务类型	旅游搜救服务	旅行援助服务（包括旅行支援、道路救援、紧急医疗等）	旅游搜救服务

加强全球旅行救援的多主体合作：中国方案

- 形成政府组织、 企业组织、 民间组织多主体融合互动的，公共救援、公益救援、商业救援相结合的全球旅行救援体系

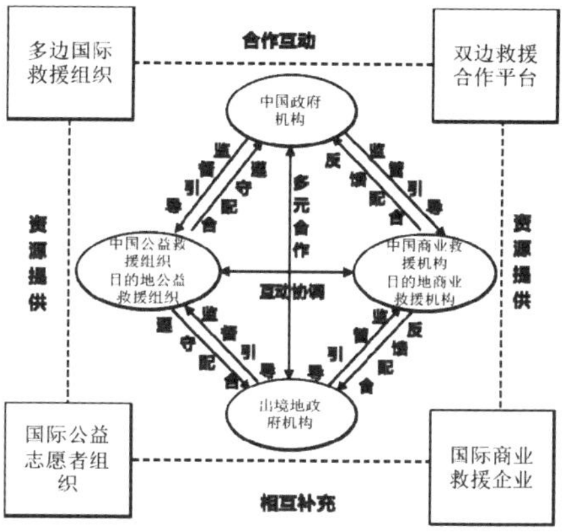

全球旅行救援体系的建设主体结构图

品牌上面继续努力。中国这么一个庞大的出境旅游群体，它呼唤世界级的中国本土旅游救援企业的成长和出现，我想这是一个时代使命。

加强全球旅行救援的多主体合作：中国方案

- 中国政府
- 目的地政府
- 应急救援协会、律师协会
- 基金会、红十字会、志愿者组织、公益救援联盟
- 企业组织层面

加强全球旅行救援的多主体合作：中国方案

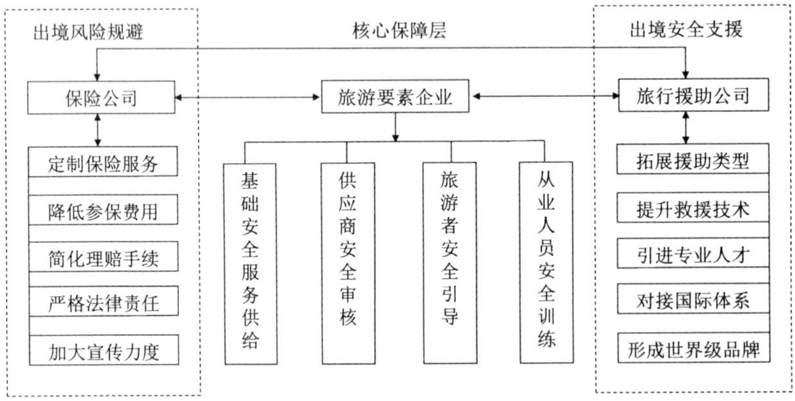

图 旅游安全商业保障资源的建设框架

我的汇报到此结束，谢谢各位！

演讲人：谢朝武（华侨大学旅游学院 院长）

6.4　全球救援综合服务有效化解人员境外流动风险

大家上午好！我是江泰全球救援联盟秘书长陈洁。首先对各位拨冗前来及观看表示最热烈的欢迎！本次论坛是我们举办的第五届全球救援服务论坛，前三届分别是在南京、珠海和北京举办，共有来自 68 个国家、120 个联盟成员，以及 2 000 多名嘉宾参与了论坛。去年受疫情影响，我们第四届论坛采用了线上直播的方式，也有上千人观看了论坛直播，今天由于国内疫情得到了有效的控制，我们得以相聚在这里，以及通过新浪财经直播的方式，让更多的人了解出行中可能存在的风险，树立安全意识，制定出行前的计划，如果真的出现了风险，能够及时得到专业的帮助。“大救星”就是您在旅途中可以信赖的出行伴侣。“大救星”其实就是中国公民走出去全球救援服务综合服务平台，它构建了中国人走出去以及外国人走进来，全球救援的服务圈。

刚才陈司也介绍过了，我们 2019 年海外出行人数已经达到 1. 75 亿人次，出行包括几大类人群：出境旅游、商务会议、探亲访友、海外就医、出国留学、外派劳务，等等。《江泰旅行业风险蓝皮书》中对旅行事故做了分析统计，其中意外伤害占了 48. 5%，旅行延误占 23. 6%，突发疾病占 14. 8%。

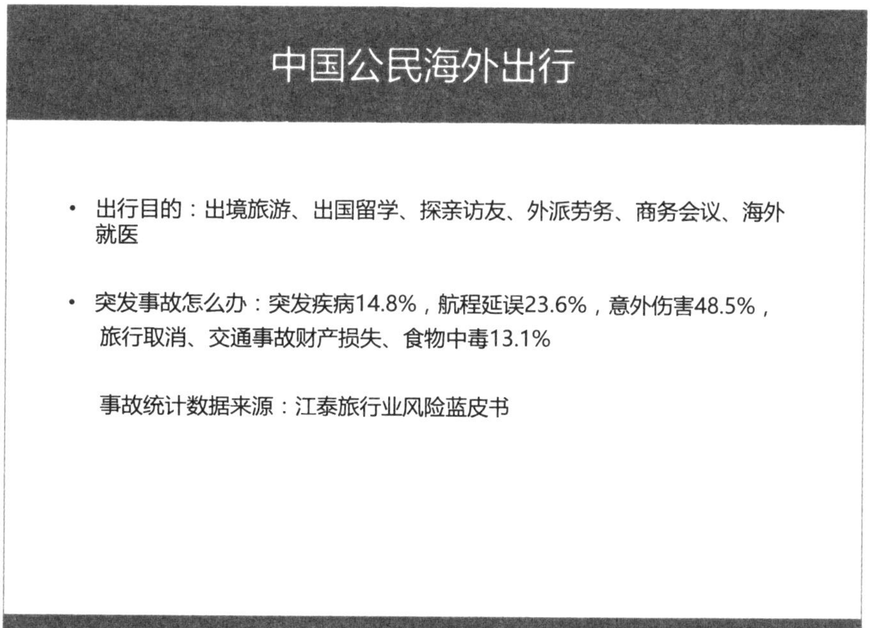

如果出现了事故，通常人们会寻求自己的随团导游，还有亲朋好友，有保险的会联系保险公司，以及求助中国驻外领事保护，但是每个渠道都有它的局限性，而涉及医疗

转运、医疗费用的担保和垫付上面，专业的救援公司可以起到重要的作用。在 2016 年初江泰全球救援联盟主席沈开涛就提出了要建立中国人自己的全球救援服务平台，同时推出了“四救十六助”的救援服务理念，支持配合国家使领馆的保护工作，为走出去的中国企业及中国公民提供全球救援服务保障，也构建了科技引领的“大救星”救援服务平台。

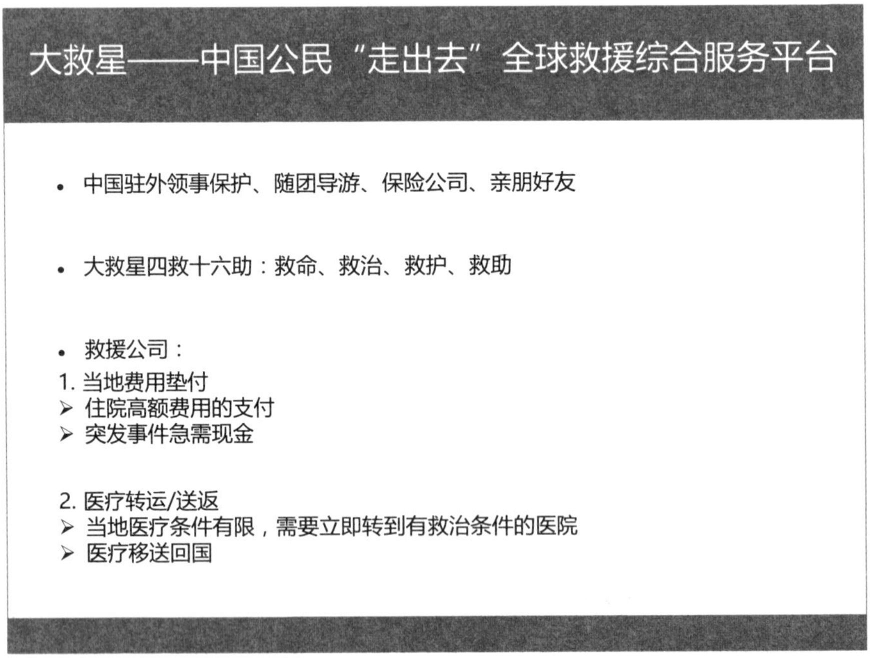

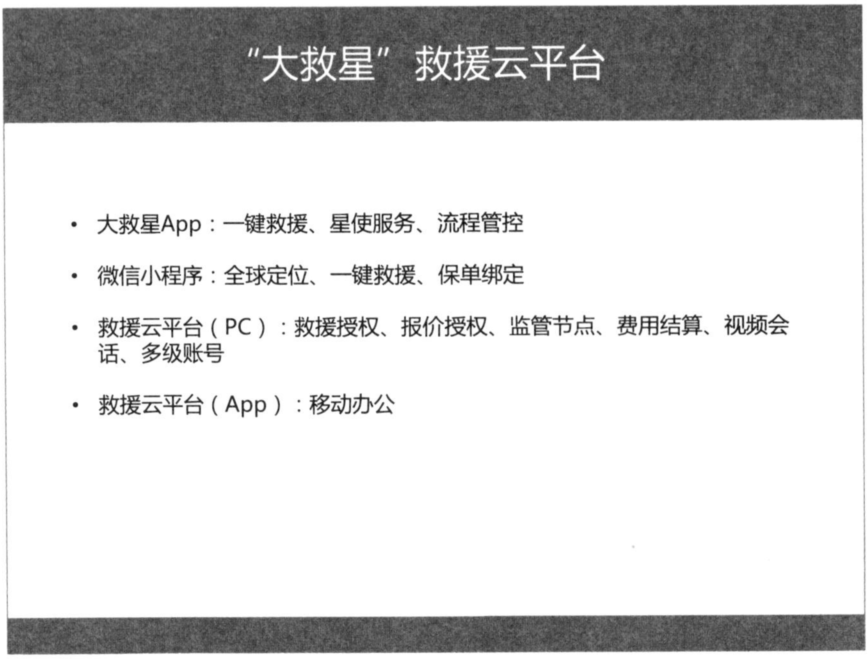

“大救星”救援服务平台是建立了四端为一体的救援云平台，实现了数据互通、用户互联，能够为客户提供专业的、高效的救援服务。这个平台有三个核心的要素，首先是一键救援的功能，用户可以在手机 App 端以及小程序点击一键呼救，可以在 5 秒钟之内发出求救信息，在 1 分钟之内得到救援服务中心的响应，根据用户的需求提供援助。服务内容也包括了救援机构的推荐、医疗费用的担保、医疗翻译、医疗转送以及遗体移送、法律援助和安保等。其次，我们平台核心的服务是双语星使，覆盖全球 820 个城市的双语星使能够提供咨询、慰问、翻译、代办以及陪同的功能。如果中国公民在海外，在陌生的环境当中遇到了问题，他们能够得到我们在 820 个城市双语星使的温暖贴心的帮助，这个也是“大救星”能够提供的独一无二的服务。第三，我们的救援服务已经实现了线上全流程的管控，从用户一键呼救，到我们平台受理，与保险公司的沟通，保险公司授权，以及我们派遣服务商、星使、支付，都是可以在线完成的，而保险公司和用户可以登录“大救星”平台，实时监控每一个案件的发生以及查询案件的进展情况。

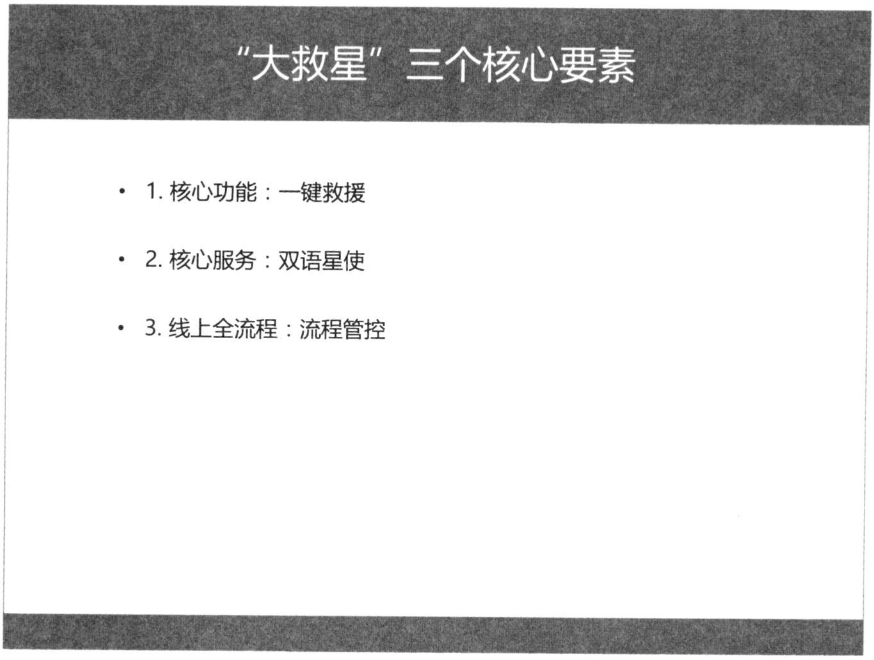

大救星救援指挥中心位于北京，一旦突发重大事故，会聚集各方面的相关人员，在指挥中心来协调全球各方面的资源，同时我们可以派遣星使到现场，通过视频的方式传达回第一现场的资讯，欢迎大家有机会到我们位于北京总部的全球救援指挥中心参观。

全球的救援服务一定要有自己的救援网络才能够实现，我们现在通过在线签约的服务商、联盟成员以及星使，已经实现了救援服务全覆盖，全球 200 多个国家和地区，我们都是可以承诺为中国公民提供相应的服务。

服务商包括当地的救援公司、安保公司、律师事务所、翻译公司、包机公司、旅行

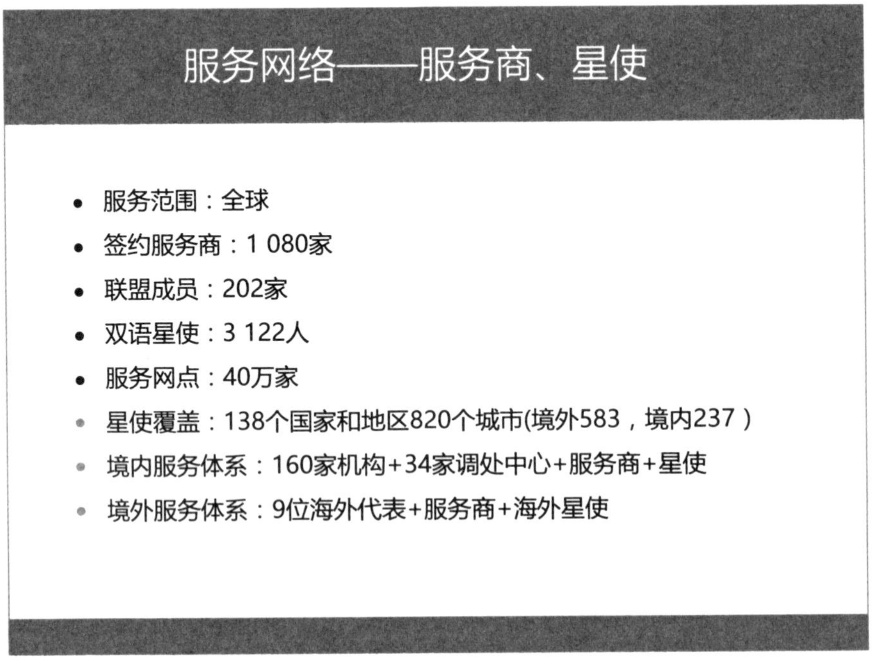

社等，通过链接这些服务，能够真正地解决中国公民在海外可能遇到的语言、医疗、法律、生活、安全等方面问题。我们的服务网络通过我们在海外五大洲、九个海外代表还在不断地发展当中，因为中国的企业去哪里，中国的公民在哪里，我们的救援服务就会发展到哪里。也可以说我们的“大救星”救援服务已经成为政府救援的有益补充力量。

我们“大救星”现在已经为全国 2 万多家旅行社、30 多家保险公司、银行、企业等提供全球的救援服务，覆盖了 5 000 多万人，已经提供了 1 万多起咨询服务，做了 400 多例转运案件以及双语星使提供了 1 300 多小时的服务。

随着 2020 年新冠疫情的暴发，很多人出不了国，但是留学以及海外派遣的人员，他们还常住在海外，他们可能发生的风险包括意外伤害、突发疾病、被抢、被盗、绑架、法律纠纷，等等。当然目前最大的风险还是感染新冠肺炎的威胁。救援公司的及时介入可以大大减少他们在伤病以后的转运风险，使其能够有效地得到救治。

但是在新冠肺炎疫情肆虐的情况下，我们的救援也面临巨大的挑战，首先我们的转运难度加大，转运成本增加，转运时效降低，这受很多因素影响，比如航班停飞和熔断，比如有的国家随时会调整和出台不同的出入境管控措施。比如转运一些新冠肺炎患者方面的病例，还需要得到国务院联防联控办公室的接收函，以前可能一两天能完成的转运，现在需要数周或者更长时间，因为要解决救援环节中诸多的问题。

在救援非正常的状态，我们“大救星”始终 24 小时在线解决客人的需要，除了正常的医疗救援服务、转运、费用的担保、垫付，等等，在疫情期间我们也提供了很多非医疗救援服务，比如说有企业的人员不幸感染了新冠肺炎，可能其他的同事心理压力增

“大救星”部分客户

- 江泰救援已为21 611家旅行社提供服务保障，覆盖5 000多万人
- 与多家大型保险公司、银行等金融机构达成救援服务协议，保障境内外出行人次数百万
- 提供咨询服务1万多次，启动救援转运400多次，星使累计服务1 300余小时
- 愿为更多“走出去”的企业和中国公民保驾护航

面临风险与救援服务挑战

- 常驻海外人员易发生的风险：意外伤害、突发疾病、被盗、绑架、法律纠纷
- 救援公司：转运难度加大、转运成本增加、转运时效延长

大，我们会协调资源，为用户安排专业的人员在线给予指导、心理疏导，等等；还有就是因为航班停飞，帮助安排非医疗的包机转运，等等，这些都是我们在疫情下提供的非医疗的救援服务。可以说我们“大救星”提供的服务除了是专业和高效的，还是有温度的。

为了真正地解决中国公民在海外可能发生的风险和后续问题，因为大家也知道，一

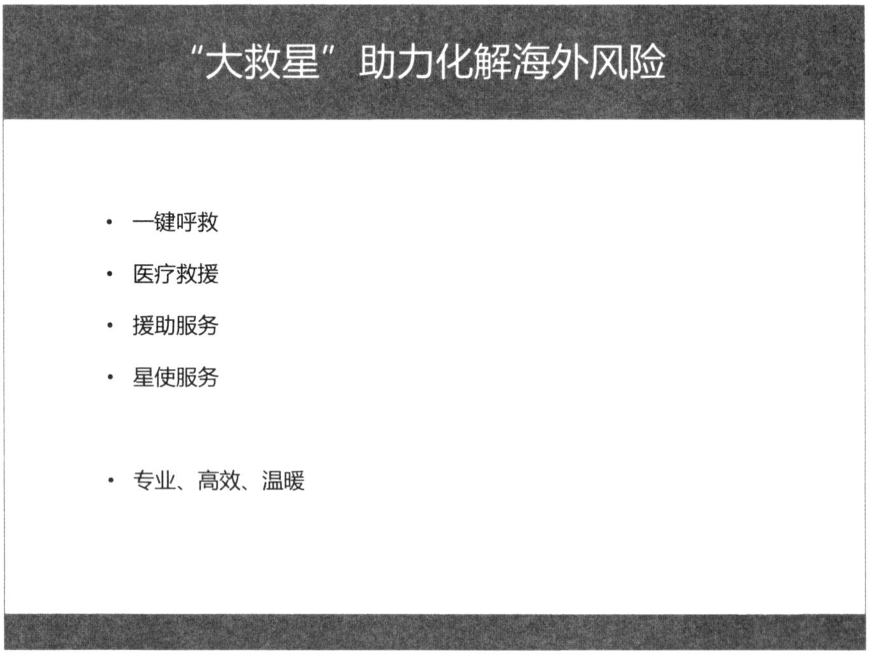

旦发生了风险，比如突发意外、重大疾病，等等，转运的费用是非常高的，所以我们专门为公民定制了“大救星救援服务清单”，费用从几十元到上百元不等，这些服务清单里头包含了救援公司才能完成的工作，如医疗费用的担保和垫付、医疗转运、遗体运送、星使等工作，我们在国内也定制了国内款的相关产品。

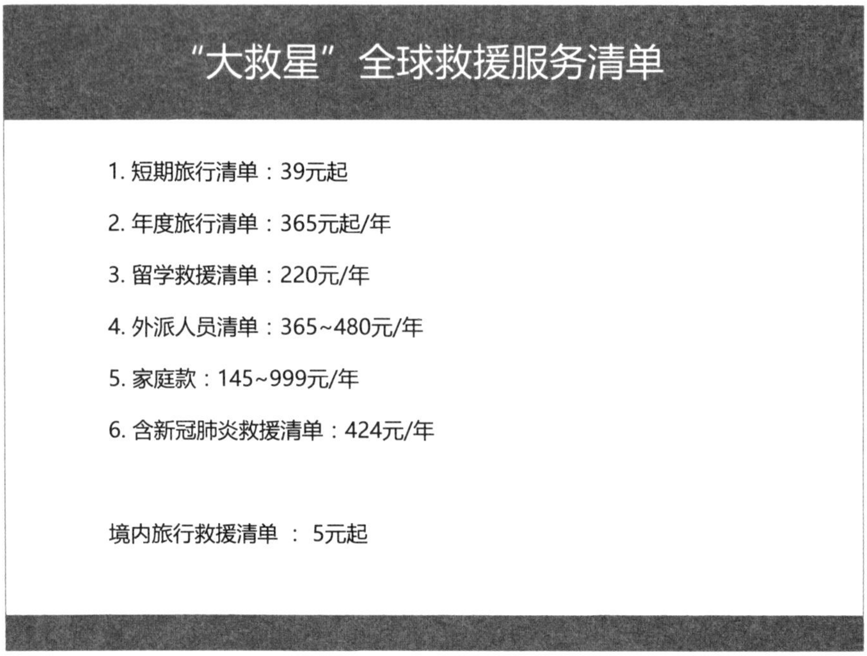

“大救星”的服务清单有别于保险公司附赠的救援保障服务，因为“大救星”的使

命就是有求必救，所以我们设计的救援服务清单是没有救援次数的限制的，没有金额上限的限制，没有国家地域的限制，没有年龄的限制，只要中国公民在海外遇到问题，我们就能够及时提供救助救援服务，而且费用上可以帮助减轻企业及家庭的经济负担。我们为企业、保险公司、银行客户提供一些定制的服务产品，各位可以去“大救星”的服务台进行详细的咨询。

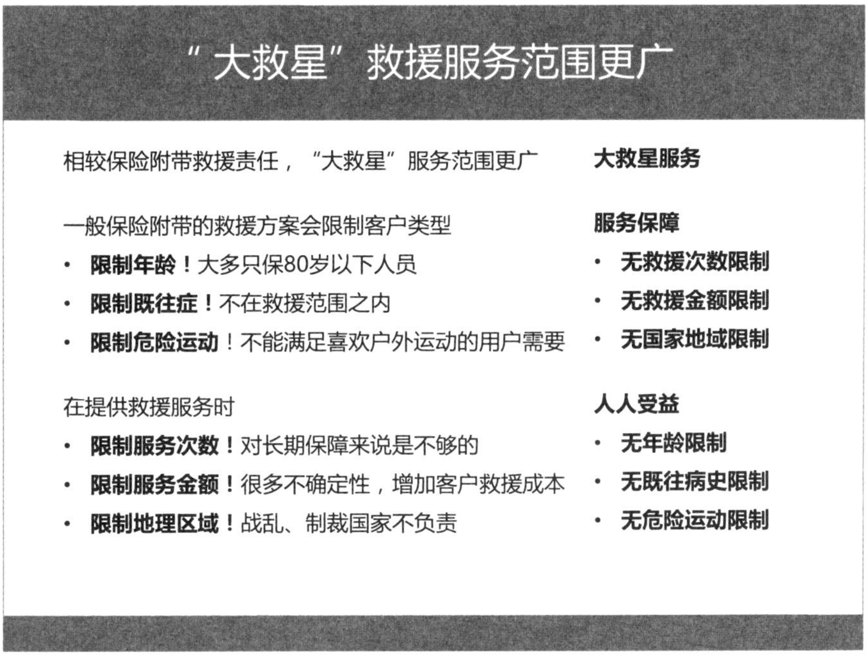

我今天的介绍就到这里，让我们携手同心，共同构建起中国公民全球安全保障的基石。谢谢大家！

演讲人：陈洁（江泰全球救援联盟　秘书长）

6.5 圆桌对话：全球疫情防控常态化背景下的全球救援观察与思考

主持人：我们将用圆桌对话的形式来谈全球救援联盟的合作，我们也请这个环节当中不同行业背景下的嘉宾分享他们多年来的积累和思考，希望能够给大家带来启发。这个环节的嘉宾依次是：

外交部领事司原副司长　陈雄风

旅行安全风险管理专家　唐兵

浩鲸集团海外人力资源负责人　周金燕

江泰全球救援联盟秘书长　陈洁

深圳市经纬医疗援助服务有限公司 CEO　李贝

中国人民大学法学院国际卫生法专家　刘洋

主持人：欢迎各位！全球救援服务论坛的圆桌讨论将分成两轮交流。第一轮交流从两个真实的案例说起，跟大家分享一下，五位可以想一想，如果您遇到这种情况要怎么做？因为对于中国公民走出去来说，刚刚也说了，旅行的人数占到出行人数的95%还多，但是它的特点是非刚需，不让去就不去呗，但是务工人员是一种刚需，一方面在海外有状况的人接不回来，另外一方面，国内准备派出去的人出不去，这里有两个真实的案例。一个是去年年底一家机械公司在埃塞俄比亚的工厂有3名中国员工不幸感染了新冠病毒，当地的医疗条件非常有限。第二个案例，今年5月份，一家环境科技企业向中国驻印度大使馆求助，说一名中国员工不幸感染了新冠，而且是重症，在当地不仅得不到有效的救治，连最普通的、维持生命的药都有断药的风险。这是两个真实的案例，所以我们说到救援不光是帮助，这有救命的情况，遇到这样的情况，我们也听听今天在场的各位专家的看法，这是我们亲爱的同胞遇到的真实的情况，如果求助求到您这里来了，有什么样的路线能够帮助他们脱困？首先请教一下唐兵总，作为旅行安全风险专家，同时也频繁地往返于中外之间，遇到这种情况，您觉得有什么样的办法能够救他们一命？

唐兵：谢谢主持人，非常高兴今天能在这个老场地和雄风司长、和各位专家一起共议全球救援服务的话题。虽然刚才主持人举的两个例子都是海外务工人员面临的风险，但其实中国公民，包括我们昨天用了一天的时间来研究、讨论中国企业“走出去”的风险，中国公民在走出去的过程中，也面临着越来越多、越来越复杂的风险，这些风险既有天灾也有人祸，既有传统的也有非传统的风险，既有外部的因素，也有自身的原因导致的风险。刚才很多领导在致辞和演讲的时候都讲到了，比如说各种极端天气、恶劣气候、地质灾害引起的自然灾害；以及战争，包括政局的更迭、动荡引发的这种风险，还有罢工、恐袭等社会安全的事件风险；另外还有中国公民出去的过程中遇到的各类交通事故，甚至火灾等事故灾难性质的风险；还有大家都知道的，新冠肺炎疫情这种极为罕见的全球性的公共卫生事件，以及前些年发生的“非典”、埃波拉疫情、H7N7 甲流等区域性公共卫生带来的风险。再加之刚才很多领导讲到的，随着中国经济社会的发展，我们的公民走出国门，这个人数也在剧增，从旅游的数据可以看到，从 2011 年到 2019 年就这几年间，中国公民出境人数从 7 000 万左右上升到了 2019 年的 1.5 亿人次，翻了一番多了。据教育部官方数据，2020 年海外留学人员达到 71 万，商务部的数据是 2020 年海外劳务的人数达到了 62 万。可见越来越多的中国公民走出到海外。

同时，从旅游的角度看，这种旅游需求的多元和旅游形式的变化，也带来很多风险。比如过去我们刚刚走出国门的时候可能主要是团队形式，组团游、单位派出来，现在大量的国人都是自由行、自己出去；在旅游的需求上也追求新奇特，过去只是白天看看景点，晚上就回到酒店睡觉，到现在有探险、自驾，等等，很多追求新奇特的活动。另外旅游形态包括家庭出游，因此老人、孩子出游的也很多，自身疾病带来的风险也非常多。从我们示范项目的风险数据看，从 2017 年到 2019 年，仅仅出境游的案子就占到了全国旅行社的责任险事故案子的 24% 左右。本身出游人数仅占了 0.2% 多，但是它的案子占比已经超过了 20%，而且里面的意外伤害已经达到了 40% 多，自身疾病达到了 15%，以上所说，就是随着中国对外交往的日益深入，其实这些风险是大量存在的，就需要我们的企业和国人更加深刻地去认识这些风险，提高这种风险的防范意识，增强风险防范的技能，同时对这些风险的转嫁做出必要的安排。刚才很多嘉宾在演讲中都讲到，你需要有一份保险，需要有一个专业的救援组织替你服务。刚才主持人讲到了两个案例，你不能都靠国家的领事保护，因为领事保护是有边界的，刚才雄风司长也讲到了，所以我在这儿也是建议大家要增强风险意识，提升风险防范的技能，做好必要的风险转嫁的安排，真正实现更加体面、更加负责任的出游，不管你是旅行还是留学，还是海外务工，都能做到更加体面和更加负责任。

谢谢!

主持人：谢谢唐兵总，有备无患，刚才您也提到了雄风司长，提到了两个案例，确实他们联系了驻印度大使馆，人命关天的事，这个时候领事保护的边界或者能够提供的服务的极限是在哪儿?

陈雄风：谢谢主持人，这是一个很好的问题，也非常现实，刚才我花了几分钟从宏观的角度介绍了一下有关的背景，现在可以从微观的角度讲一讲。如果中国公民在海外遇到问题，从政府的角度讲，首先有两个救助的平台。一个是86-1012308，这是24小时的电话平台，还有一个是中国领事的手机App，这是政府的求助渠道。从政府的角度来讲是非常积极地在为所有海外中国公民提供服务。比如疫情期间，在外交部协调下，一共从90多个国家安排了200余班临时航班，接回来7万余名中国公民，这是临时航班，就是说是为了确有需要、急需回国的人群。同时我想强调的是，我们中国航空公司的航班，在疫情期间是从来没有中止过的，这是在世界主要大国中可以为之自豪的一点。所以真正回国的中国公民的数字远不止我提到的这7万多，任何一个航班稍微乘一下天数，大家都可以自己算出数字来。从政府的角度讲，当然是需要通过机制的建设、法律的支撑，还有预警信息的发布、预防宣传以及应急处置等这些方面，不断地强化自己的机能，为本国公民提供最优质的服务。

从企业的角度讲，对于派出去的务工人员应该要充分体现出“谁派出谁负责”这么一个主体的责任意识，要加强对员工的培训，要提供必要的服务支撑，包括必要的保险以及应急救援方面的服务采购。遇到事情之后要及时跟政府有关部门保持密切的沟通，配合政府有关部门落实对于企业员工所承担的相应的责任。

从个人的角度讲，我想也是非常重要的，一定要意识到自己是自身安全的最关键的环节，任何其他方面的努力都不能代替你自己。所以从自己的角度讲，一定要有安全的意识，要明白走出国门和在国内是完全不一样的两重天地、两重世界。比如说会面临完全不同的法律，在不同的国家之间，不同的法系也会带来非常多的麻烦。再比如语言问题，你是完全无能为力的，所以发生环境的变化一定要意识到自己的风险在哪个方向，要及时掌握这些方面的信息。作为一个补充，也可以通过个人的努力，把安全方面的威胁转移到其他的平台和一些服务商，能够有效地减低自己的风险发生的可能性。政府、企业、公民是我们今天论坛要讨论的最主要的三个方向。我想需要同向发力才能更好地解决我们在外面遇到的各种风险。

谢谢！

主持人：谢谢雄风司长，刚才也说到协同效应，因为领事保护服务往往在雪中送炭的时候是心有余而力不足的，一定是有这个意愿来帮助每一个人，但是个人的身家性命不能寄托在不确定的事上，或许正好赶上他忙得过来，时间充裕，一切条件都很便利，那一旦不是这样呢？这个试错成本还是极高的，要多做几手准备。

我们接下来请教一下李贝总，作为医疗救援的专家，也是长期在医疗救援的第一线，遇到医疗相关的困难或者非常急迫的情况，你们有什么样的解决方法？

李贝：感谢邀请，我分享一下我的经验。像刚才的那两个例子，我们首先做的事情就是去看当地使馆和领事保护的政策，我们到底应该采取什么样的方式来处理这样一个情况，去找政策法规依据，我们的处理方式是首先对于这些患病、有医疗需求的人，我们建议他去当地或者周边有医疗救治能力的医院去就诊，这个医院是否有能力就诊，是否有能力接收你，这是我们跟江泰要一起落实的事情，是我们星使的任务。如果在当地治疗不好的时候，或者不行必须要回到国内的时候，我们中国是有这样的救援机构的，可以有能力、有实力通过自己的专业技术或者通过国际网络的协作，把境外的中国人，哪怕是在疫情期间，逐个地或者成批地带回国的。从 2020 年 1 月一直到现在，我们一共从国际上转运了将近 50 个患者，是医疗转运，带回国内。同时我们也通过国际化的协作，把很多的境内的外籍游客，或者是员工，送到国外去。就是说在领事保护的背景下，和救援公司协调资源，由专业的医疗机构提供专业的技术服务。这样的服务体系，我们现在是非常健全的，是成熟的，是有成功经验的。

主持人：谢谢李贝总。接下来想请教一下金燕女士，作为资深的人力资源专家，企业把人力派出去，一定是为了增加资源，如果遭遇不幸要耗费大量的资源，您站在人力资源的角度讲一下，企业在外派人员出去之前，包括出去了之后，要做什么样的关注、准备和问询？

周金燕：我觉得这个环节，包括主持人刚才举的两个例子，作为企业来说我特别感同身受，我是这么理解这两个案例的，一个是在非疫情状态下，我们人员出去可能会面临一些安全的问题；另一个是我们现在疫情常态化之下，对企业带来的更多的人员外派的挑战。对于外派人员，从人力资源的角度来说，可能有几个最迫切的需求，第一个就是刚才司长讲到的跨文化的培训的需求，在人员外派之前，我们一定要给所有出去的员工做好跨文化的沟通，这里面包括了语言，包括了当地的政治背景、法律背景，包括了生存环境、安全的环境，等等，这是跨文化培训需求。第二个需求是到当地之后的衣食住行等最基本的生活的安排和赋能。第三个就是安全的保障，安全保障我觉得在几个需求里面可能是最重要的，为什么是最重要的？因为可能随时随地会发生意外，也可能是不可预见的，有一些像刚才我说的跨文化这些沟通，我们可以通过事前的培训来帮助员工做一些心理的预期或者是准备的工作，但是安全问题是突发性的，是不可抗拒，不可预估的，所以说在这个方面，我们会协同救援的机构，我们也会在当地跟中国的领事馆做这样的一些对接。

提到第二个案例给我的感受，在疫情之下，从去年 1 月份疫情开始暴发以来，在 2 月份之后，作为企业我们感觉到这个疫情会给企业带来很大的挑战，我的员工在海外，我怎样让员工在当地心理是安全的、身体是安全的？如果员工有回来的计划，我们怎么保证路途是安全的？这里面会涉及很多政府的政策信息，所以我们在那一段高峰时间基本上是每两个小时去“刷”一下领事馆公布出来的出入境信息、航班信息等，来获取政府给予的这种及时的信息支撑。第二个，我们也在疫情中做及时的预防，比如向救援机构了解，如果员工有回国的需求，或者说员工不幸在海外遇到了安全问题，我们怎么样通过救援机构能顺利地把员工安排回国，这个救援会涉及航班的安排，在当地检测的安排等工作。最后，对外派人员还包括人员的家庭安置问题，如果这个外派是一种长期的安排，外派员工家庭的安置在疫情常态化之下，怎样保障安全等方面。

主持人：谢谢金燕总。接下来想请教一下陈洁秘书长，“大救星”在这种情况下会怎么做？因为我们知道有救援、救护、救治等服务，尤其是在海外有滞留的情况，也包括有外派的诉求，有没有相关的产品或者服务？

陈洁：感谢主持人，刚才因为时间有限，我讲得比较精炼一些。其实我们“大救星”的背景是很强大的，有江泰保险经纪来做支撑，因此给企业出行的保险方面的解决方案，能够真正地帮助到“走出去”的企业，满足他们真正的需求。刚才我也介绍过，现在的保险产品里，附带的这些救援的保障，它们都是有限制的，包括年龄、既往症或者是高风险的国家，等等，我们是要去解决真正的问题，真正帮助到企业和公民，所以设计了“大救星”这个产品，很好地作为我们现有保险的补充。如果说企业现有的保险产品还是不能满足需求，也可以联系“大救星”和江泰经纪给予定制化的保险产品和定制产品。

刚才您讲到两个例子，我是想说，救援包括政府的救援以及公益救援和商业救援，我们是作为商业救援，当然商业救援也不是说什么都能做的，它也是有很大的局限性的，但是商业救援的核心就是解决这些费用问题、专业的医疗转运，等等，真正实际能用到的服务。刚才李医生也讲到了，我们跟政府这边也会紧密配合，了解当地的信息。我讲一个我们大救星真正处理的案例，去年有一个外派埃塞俄比亚的员工去世以后，遗体要运回来，因为遗体要运回来也是非常复杂的，各种国内的手续、国外的手续，我们当时帮助这家企业把遗体运回国，他们所花的费用大概 8 万元人民币。但是如果要用这 8 万元人民币其实可以为 200 个企业的海外员工购买“大救星”的产品、服务，如果出现了这种意外，不管是遗体转运，还是航班担架转运、包机转运，企业都不用再花一分钱，这些费用都由我们来承担。

主持人：都涵盖了。刚才几位结合各自的行业背景做出了梳理，就像司长说的，因为中国尽早地控制住了疫情，而且调动了空前强大的资源和力量，让绝大多数滞留海外的中国公民都已经回到了祖国。所以未来来看，回得来问题不太大，但走出去的强大需求被压抑住了，未来走出去还是有很多问题需要探讨。在这里面疫苗护照的讨论很激烈，有的人认为这是一个有效的证明，是我可以走出去的尚方宝剑，也有人认为在当前疫苗分配不公的情况下，草率地提出疫苗护照有失公平，还为时尚早。针对这个问题我们来听一听中国人民大学法学院国际卫生法专家刘洋怎么看。

刘洋：关于疫苗护照，比如说以色列在3月份推出“疫苗护照”，一部分东欧国家也有数字认证证书，美国在纽约州以及一部分州也有疫苗护照版本。所以疫苗护照在区域和国家的范围内能够开始促进人员的自由流动。但是在跨国的部分，现在还存在一定的困难。这就需要双边和多边的努力。一个问题就是疫苗种类的相互认证，是需要多边机构的协调和认可，比如说世界卫生组织现在还没有承认疫苗护照。怎么推进疫苗护照和人员流动呢？我想基础的问题还是在于疫苗接种率，要在世界范围内实现更公平的疫苗分配和接种率的分配，这是推进疫苗护照的基础。

另外一个问题是在技术上做好准备，无论是双边还是多边的认可达到什么样的程度，包括数字以及这个层面的基础，各个国家应该开始进行储备和推进。

最后一个问题就是各个国家政治意愿上应该多一些合作和配合，毕竟相互承认，促进人员流动，恢复经济秩序是各个国家的共同利益和人类的共同追求。

主持人：谢谢刘洋博士带来的解读。接下来进入第二轮讨论，为什么要统筹疫情防控和经济社会发展？因为它本身是矛盾的，里面有的逻辑是矛盾的，疫情防控，现在证明最行之有效的方法就是切断，就是阻隔，就是不接触，自然疫情就不会蔓延，但是经济社会发展天然就需要流动、需要走动，所以中国企业和公民需要“走出去”，人需要动起来，无论是疫苗护照也好，还是春苗行动也好，都是在想尽一切办法消除流动的障碍。接下来就消除人员流动障碍我们未来有哪些尝试，我们的努力方向是什么？就这一点听听各位的看法。从司长开始。如何消除人员流动障碍？

陈雄风：刚才刘洋博士围绕疫苗护照发表了非常好的见解，我也想顺着他的话题补充一点。就是意识形态矛盾的问题，这不是今天的主题，但是我想这个在今后任何一项跟人员流动、跟疫情防控有关的工作中，这是迈不过去的坎儿。换句话说，刚才大家提到说跨国间的人员流动是我们共同的期待，这个话可能只对了一半，有的人恐怕不是在期待着中国加入这个行列中去，所以这一点我想做一个补充，虽然不是今天的重点，我只是点到。

第二个，从中国的角度讲，我们从一开始就是在围绕着跨国之间的合作，应该说作出了巨大的努力，今天也不再赘述。仅仅从春苗行动的角度讲，从“疫苗护照”，中国不称之为“疫苗护照”，我们称之为“中国疫苗注射的健康码”，是一个证明，王毅国务委员兼外交部部长在3月份记者招待会的时候已经宣布推出了中国版的疫苗注射的健康码，这个是已经有了。

从这两点看，我们围绕国际间人员的流动作出了自己的努力和贡献。下一步我们会和与中国相向而行的、真正支持国际化大潮流发展的国家一起努力，围绕着跨国间的人员往来，构建一个新型的、顺畅的环境。所以无论是从疫苗注射的普及率，还是说相关证明的推出，以及跨国间的签证，等等，从证件方面的角度讲，我想随着我们国家与其他国家之间这种磋商、这种合作的推进，我们应该说都可以期待着一个光明的前景。

谢谢！

主持人：谢谢司长，接下来请教一下唐兵总，现在也看到东南亚的一些岛屿已经陆续在给接种完疫苗的人群开放，而且又纷纷推出了十几块钱的特价房，我看着很眼馋，但是风险还是存在的，对于消除人员流动的障碍您有哪些建议？

唐兵：不管是“疫苗护照”，还是“中国疫苗注射的健康码”，我相信人类终将战胜这个疫情，这是肯定的。但是我们不能好了伤疤忘了疼，我们今天共议全球救援的话题，其实需要政府、公益组织以及商业机构、企业和公民来共建，我们为中国公民，包括我们在海外的游客，包括来我们中国经商的海外公民提供全球性的救援服务。刚才谈第一个题目的时候还是说帮助我们国人真正实现体面的和负责任的海外旅行、留学、务工的生活。从政府的角度，刚才雄风司长，包括夏教授都谈到了应该怎么做，还有谢朝武教授也谈到了政府应该怎么做，我在这儿就不赘述了。我觉得讲到我们的企业，就是我们的商业机构，怎么来提供更好的服务，刚才讲到，江泰救援联盟以及江泰的“大救星”其实是我们进行了体制机制的创新，聚集了全球的优质救援网络，来为我们的国人和海外游客提供全球性的救援救助服务。当然不仅是江泰，我们也看到越来越多的救援机构都已经在开展这样的单体的救援活动，他们有很多的救援资源，我还是想讲，对我们的企业和公民本身，我觉得一个负责任的、体面的海外旅行，不是仅仅表现在我想走就走，而且也不仅仅表现在他是不是能够理性地在海外消费，或者是得体的衣着和举止、文明的礼仪。我觉得在这个时代应该提出一个概念，就是体面和负责任的旅行应该是一个对风险有一定的预判能力以及防范能力，当风险来临的时候我们不至于惊慌失措，不至于大呼小叫，而是应该积极地应对，由我们专业的机构、专业的保险来解决。当能够真正实现这样的时候，我觉得才能真正呈现泱泱大国的体面。我觉得这个需要我们大家共同的努力，包括救援机构、保险机构、公益组织、政府，甚至今天在座的媒体，我觉得也需要广泛地向我们的公民宣传这样的风险意识、保险意识，等等。

谢谢。

主持人：心中有底才能处变不惊。请教金燕总的观点。

周金燕：从企业的角度来说，阻碍流动肯定是不现实的，除非我们的海外生意不做了，我是这么看待这个问题的，可以分三个层次，第一个层次，我们一定要有这个信念，即使我们不流动了，我们一定有办法解决企业会面临的问题。第二个层次就是有了这个信念之后我们怎么办？分三种情形，第一个是在国内怎样经营海外的业务？我们会通过一些，比如说远程的方式，我们自己内部会开发远程的客户支持产品。第二个是我们跟客户怎么协同？我们发现去年在国内腾讯的云端会议给企业销售层面作出了很大的贡献，我们会通过云端的形式跟客户形成链接，这是国内的解决方案。如果我们仍然有员工外派海外的话，我们一定要去做一些安全的保护，去做一些政策的培训，去做一些及时的信息的传递。第三个就是如果我们的员工一定要回来，在这个过程中我们一定要做的就是安全的保障，这里面包括了事前、事中和事后，事前给员工的心理辅导，过程的安全培训，事中就是整个过程当中的安排，如果有突发情况的话，我们怎么让救援参与进去，事后就是回到国内的隔离安顿等安排，包括员工家庭成员的心理辅导。第三个层次就是这个过程当中，我们怎么样做好使员工有所体验、使我们海外客户有所体验，这个也是很重要的。

主持人：谢谢金燕总。李贝总，听听您的观点。

李贝：我从两个方面说一下，第一个方面，作为医生来说，我认为疫苗的广泛接种，我们对疫情的严防严控，对于人员的绿码的管理，极大地控制了病毒传播，它减少了一些严重的并发症的发生，而这些东西都是底层的很牢靠的基础，是推进减少流通障碍的很重要的因素。所以春苗计划也好，疫苗的广泛接种也好，是非常必要的，不单单是在国内，在东南亚地区，甚至在我们重点要去的地方，开展疫苗的广泛接种，对所有人都有帮助。

另外一个方面，作为一家医疗服务机构，尤其是服务于跨境救援的医疗服务机构，我们的服务是有成本的，是花钱的，在这一点来讲，恰恰印证了之前老师和专家的诉求和想法，怎么样更好地把需求、把产品、把保险、把政策、把平台真正融合起来，推出一个适宜中国人的，能够有合理的保障、合理的赔付的境外救援，叫服务产品也好，叫保险产品也好，它会真正地成为一个扶手和一个抓手，鼓励着中国人、推着中国人，把他们送出去，而且我们还能把他们接回来，这个我觉得是大家在这儿做这样一种交流的更重要的目标。这是我特别切身的感受，因为太多的中国人出去了，出了问题之后回不来的原因不是我们带不回来他，是没有钱，你不能指望他人去掏钱进行这样的跨境救援，你也没有办法去指望企业花那么大的代价包一架飞机，送一个基层员工、普通员工回来，这是不现实的，我们用什么样的方法解决这些问题？这就是我们未来远期的目标，这是我的理解。谢谢。

主持人： 接下来请陈洁秘书长介绍一下用什么样的方法呢？8 万块钱能给 200 人买保险。

陈洁： 国门逐渐打开，世界的大门都打开了，人员流动也在加大，在这个过程当中突发疾病、意外伤害的比例也会加大，我们今天组织这个论坛也是宣传出行的风险、安全意识，所以我们这个论坛还会继续办下去，无论是政府、企业，还有个人，我们都有一个目标，就是让中国公民安全地出行，能够平安地回来。所以我们做好了充分的准备，现在“大救星”这个平台服务网络不能说是已经完善，但是刚才也讲到了，还在不断完善中，至少现在 200 多个国家和地区全球救援服务我们都是可以覆盖的，所以说，我们能够为中国企业、中国公民在海外提供相应的服务和帮助。

主持人： 谢谢秘书长。因时间的关系，最后一轮，每位嘉宾用一句话为中国公民“走出去”打打气或者说表达一下大家的祝愿也好、忠告也好，一句话，最想说的是什么？从李贝总往右依次，交给您。

李贝： 我希望将来中国人能用中国的境外服务、用中国的专业救援服务作为一个保障，让中国人畅游全球。

主持人： 起码是你能听得懂的。谢谢李贝总。

陈洁： 让我们携手同心，共建中国公民全球安全保障的基石。谢谢。

主持人： 基石。

周金燕： 我想引用主持人开场的话，就是健康出行，出行健康。

主持人：谢谢，版权费不要了。

唐兵：我觉得国之交在于民相亲，国际的交流互动会越来越频繁密切，我们不仅要关注像全球疫情这样的“黑天鹅”事件，也要更加关注时常在我们身边出现的“灰犀牛”事件，真正让我们的国人能够体面、负责任地旅行，谢谢。

主持人：谢谢，陈司长收尾。

陈雄风：中国需要世界，世界也需要中国，这个时候我们更加深切地体会到构建人类命运共同体的重要意义，我们真心期待每一个中国人能够高高兴兴地出去，平平安安地回来。

主持人：谢谢各位带来的分享。在这里要感谢各位对话嘉宾、感谢各位主旨演讲人，以及圆桌讨论的嘉宾，感谢新浪网、优投网线上关注我们活动的各位网友们，感谢主会场、分会场的嘉宾们，2021 全球救援服务论坛要接近尾声了。到这里 2021 中国企业“走出去”风险发布会也圆满落幕，但是我们服务中国企业和公民“走出去”的步伐、愿望和心意永远不会停止。最后又是以金句收尾，今天论坛的结束我说一句《道德经》里的话，我自己很喜欢，叫：孰能浊以静之徐清，孰能安以动之徐生。意思是说谁能够在很浑浊、很纷繁复杂的情况下静之，让他慢慢静下来，事情就徐徐地清朗了，整个态势就明朗了。“孰能安以动之徐生”是说谁能够在他安于现状、裹足不前、吓住了不敢往前走的时候给他一个推动力，给他一个触动，他慢慢就有了生气，就生机勃勃、生龙活虎。江泰国际合作联盟、江泰全球救援联盟愿意燃烧自己，点亮灯塔，为中国企业和公民走出去照亮前程。

好的，朋友们，2021 中国企业“走出去”风险发布会到这里跟您说再见了，2022 年我们再见，谢谢各位，明年见！